MW01528661

EL ARTE DE LA GUERRA
Las técnicas samuráis en los negocios

Robert Scott

EL ARTE DE LA GUERRA

Las técnicas samuráis en los negocios

Traducción de Jorge Blaschke

El arte de la guerra. Las técnicas samuráis en los negocios

Centeno 79-A, Col. Granjas Esmeralda
C.P. 09810, México, D.F.
Tel.: 55 81 32 02
www.lectorum.com.mx
ventas@lectorum.com.mx
En un acuerdo con:

C/ Industria, 11 (Pol. Ind. Buvisa)
08329 - Teià (Barcelona)
info@robinbook.com
www.robinbook.com

Diseño cubierta: Regina Richling.

ISBN 10: 970-732-201-2
ISBN 13: 978-970-732-201-1

Primera edición: febrero de 2007

Impreso en México - *Printed in Mexico*

Introducción

El arte de la guerra de Sun Tzu y su predecesor Sun Bin son la base principal de este libro, en el que el lector podrá encontrar importantes similitudes entre la estrategia de estos maestros chinos y la estrategia comercial moderna. En realidad, dirigir una empresa tiene una gran semejanza con el mando de un ejército. De la misma manera que un ejército planifica ataques e invasiones, una empresa planifica campañas y organiza proyectos; el alto mando del ejército elige a sus generales más adecuados para mandar a sus tropas, la gerencia de una empresa elige a sus directivos más preparados para dirigir el personal; los militares espían los movimientos del enemigo, las empresas analizan y estudian las campañas de la competencia; los ejércitos invaden territorios, las empresas se lanzan a la conquista de nuevos mercados; el alto mando evalúa el transporte de suministros y estudia rutas, las empresas se aseguran de una perfecta distribución de sus pedidos. Las similitudes permiten aprovechar los consejos de Sun Tzu y Sun Bin en muchos aspectos.

Pero también hay que tener en consideración el factor humano, y por ello es necesario la aplicación del zen en el conocimiento y desarrollo del guerrero samurái, que modernamente se convierte en el ejecutivo guerrero.

A lo largo de las páginas de este libro se han mezclado dos filosofías provenientes de distintos países: el conocimiento del arte de la guerra y sus estrategias dictadas por los maestros chinos, y la disciplina y enseñanza de los guerreros samuráis a través de su milenaria tradición zen en Japón. Ambas enseñanzas nos llevan a una formación estratégica comercial y a una disciplina profunda en el ejecutivo guerrero. Todo ello con el objetivo de aplicar este conocimiento al mundo del comercio, la empresa y las finanzas.

La primera parte de este libro ofrece al futuro ejecutivo guerrero las más elementales normas de su preparación para poder aplicar, posteriormente, toda la teoría del arte de la guerra y del guerrero samurái.

Cada capítulo, ilustrado con cuentos, anécdotas y frases de la tradición zen, forman una instrucción necesaria para el ejecutivo guerrero.

A través de unas técnicas básicas se enseñará el arte de respirar, y cómo la respiración adecuada y controlada puede aquietar la mente, eliminar la ansiedad y disipar la angustia en un momento clave, como puede ser una reunión de negocios de suma importancia.

También se ofrece la posibilidad de aprender a relajar el cuerpo y la mente, así como a utilizar la meditación como medio para triunfar. Unas técnicas que miles de ejecutivos japoneses utilizan a diario y refuerzan antes de reuniones de gran importancia.

El arte de observar a los demás y observarse a sí mismo, puede ser de vital importancia en las relaciones interpersonales. Así como el dominio de las emociones, tal y como demostró Daniel Goleman en su *Inteligencia emocional*, a la que se dedican algunas páginas.

La segunda parte del libro está centrada en la «vía del guerrero» versus ejecutivo guerrero. Para ello se han interpretado normas y enseñanzas antiguas de los guerreros samuráis. Hoy en día se puede decir que muchos ejecutivos japoneses son verdaderos samuráis en lo que concierne a su código de conducta, comportamiento, ritualidad, disciplina, lealtad, vida privada, acción y utilización de sus energías internas. Esto es, precisamente, lo que se ha querido reflejar en esta segunda parte, sin olvidar factores tan importantes como la soledad del ejecutivo y el miedo al triunfo y al fracaso.

La tercera parte del libro está dedicada a los axiomas de Sun Tzu en *El arte de la guerra,* y sus aplicaciones al mundo comercial, directivo y financiero de hoy.

Sun Tzu, Sun –Zi o Sun– Wu, filósofo guerrero chino, fue para algunos historiadores un personaje legendario, para otros un filósofo y guerrero chino que data, aproximadamente, del año 551-479 a. C, y contemporáneo de Confucio. *El arte de la guerra* puede considerarse como el libro de estrategia más antiguo del mundo.

En esta parte se abordan, entre otros, aspectos tan destacados como: los criterios de la estrategia comercial, los enfrentamientos con la competencia, los planes para conquistar nuevos mercados, las maniobras comerciales, la valoración de los mercados potenciales, la importancia de la utilización de los análisis comerciales y financieros, la utilización de recursos y la estrategia para conocer a los competidores o con los que se negocia.

La última y cuarta parte del libro es una ampliación de *El arte de la guerra* por los sucesores de Sun Tzu, ya que este maestro chino no fue el único que habló sobre dicho arte. Algo más de cien años después, un descendiente directo, Sun Bin, también destacó como un gran estratega. Sus escritos fueron descubiertos en una antigua tumba recogidos en varillas de bambú.

Sun Bin, estudió el arte de la guerra con Pang Yuang, y es muy posible que el maestro de ambos haya sido el misterioso sabio Wang Li, conocido como el Maestro del valle del Demonio.

Sun Bin aportó toda una serie consejos en el arte de la guerra que no hemos querido dejar de incorporar en este libro, sin embargo, muchos de ellos son conversaciones y otras variaciones que amplían los consejos y recomendaciones que ya ofrecía Sun Tzu.

Con Sun Bin la estrategia se centra más en las cualidades de los jefes y los errores en que pueden caer; toda una serie de aspectos que no son muy diferentes entre los estrategas militares y los ejecutivos modernos.

Preliminares

Al hablar del ejecutivo guerrero hay que centrar los primeros pasos en la persona, en el ser humano. Las estrategias y maniobras comerciales, la planificación empresarial, las relaciones con la competencia y los análisis ya se tratarán en una etapa posterior. Inicialmente el ejecutivo guerrero tiene que conocerse a sí mismo antes de tratar de enfrentarse a los demás. De nada sirve toda la estrategia de *El arte de la guerra* de Sun Tzu si en el momento de sentarse en una mesa a negociar, los nervios, las distracciones, los miedos y los sentimientos van a obstaculizar, arruinar y truncar los éxitos conseguidos hasta el momento.

El ejecutivo guerrero precisa un dominio de su persona y un conocimiento de sí mismo para poder afrontar los momentos difíciles y también las victorias. En el mundo de los samuráis se dice que estos tiene el deber cotidiano de cuidar su espíritu y de ejercitar su cuerpo, de manera que nadie pueda alcanzarlos, ya que sin ello jamás serán verdaderamente capaces de vencer al enemigo.

Al igual que los antiguos samuráis o los arqueros que practicaban el arte zen del tiro con arco, precisan un entrenamiento. Es precisamente en el arte zen del tiro con arco donde el arquero empieza, no por disparar la flecha, sino por sostener el arco tensando entre sus manos con la flecha presta, mientras que domina su respiración, su mente, su atención y sus emociones.

¿Qué opinión tendríamos de un competidor que se sienta frente a nosotros en una mesa de negociaciones y respira con jadeo, le tiembla el pulso y se mueve inquietamente? Indudablemente, todos estos factores revelarían su falta de dominio, su inseguridad, su miedo. Cuentan las anécdotas comerciales que cierto empresario que tenía que cerrar un importante acuerdo comercial con una empresa japonesa acudió a la reunión en un estado semejante al descrito anteriormente. El ejecutivo japonés lo contempló y, advirtiendo su estado, le propuso un baño tranquilo, una relajación guiada y una sesión de té antes de empezar a negociar. El ejecutivo aceptó, al principio por cortesía, pero luego descubrió que se encontraba mucho mejor, más relajado, más centrado. Cuando regresó a la reunión con el importante ejecutivo japonés le preguntó: «Por qué ha hecho usted esto, antes estaba completamente desmadejado, me tenía en sus manos, ahora me encuentro más centrado y sosegado para negociar». El ejecutivo japonés le contestó: «Tan peligroso es, comercialmente hablando, negociar con un hombre sosegado como con un hombre lleno de temores. La diferencia está en que el primero tendrá un pensamiento recto, el segundo sólo proferirá disparates, y yo quiero llegar a un buen acuerdo con usted».

Esta primera parte abordará, sin perder la línea del ejecutivo guerrero, lo esencial para conocerse a sí mismo y dominar el cuerpo. Así, de una forma breve, se hablará del arte de respirar y de cómo dominar los momentos de tensión a través de la respiración, un arte que han practicado todos los samuráis desde los inicios de la legendaria disciplina zen. También se analizará la necesidad de relajar la mente y el cuerpo, calmar la mente mediante la meditación; el arte de adiestrar la atención, un factor de vital importancia en la disciplina zen; el arte de observar a los demás y anticiparse a sus acciones, una valiosísima información cuando se está negociando; y, finalmente, el arte de conocer las emociones propias y saber utilizar las de los demás.

Capítulo 1

Conociéndose a sí mismo

Como un arquero endereza su flecha, así
endereza el sabio su mente inestable y vacilante,
la cual es difícil de dominar, difícil de vigilar.

DHAMMAPADA DE LA SENDA
DE LA ENSEÑANZA DE BUDA

Si no se conoce el propio cuerpo, sus reacciones, sus sentimientos o su seguridad de acción, cómo se van a conocer otros aspectos externos. Si no se saben aquietar las aguas interiores del río energético que corre por el cuerpo, cómo se puede pretender armonizar otros dominios externos.

El primer paso del ejecutivo guerrero es el dominio de su propio cuerpo. Pero para el arte oriental el dominio del propio cuerpo no se refiere solamente a los aspectos físicos exteriores —movimientos, posturas, expresiones del rostro, etc.—, sino también el dominio interior que afecta a la respiración, a la regulación de los latidos del corazón, a la tensión emocional, a los miedos y las angustias, al estrés, etc. Ya no se puede considerar al cuerpo como un ente fragmentado en el que los diversos compartimentos son estancos. El cuerpo humano forma parte de un todo, cualquier acción que se realice tendrá repercusiones en los diferentes órganos que lo constituyen. Así, la ansiedad por la obtención de resultados rápidos en un negocio o la respuesta a un proyecto presentado, puede repercutir en la armonía general del cuerpo, ocasionar dolores de cabeza, alteraciones en los jugos gástricos, descomposiciones o estreñimientos, malas digestiones, mareos e incluso alteraciones en la vista. La angustia puede ser más letal y crear enfermedades crónicas: úlceras estomacales, lipotimias, taquicardias e infartos. Así, el primer camino del ejecutivo guerrero será conquistarse a sí mismo. La senda de la enseñanza de Buda destaca en el Sahssavagga: «un hombre conquista en la batalla mil veces mil hombres, y otro se conquista a sí mismo, éste es el más grande entre los conquistadores».

Considerando los factores antes mencionados, es evidente que un primer paso debe estar enfocado al desarrollo de toda una serie de normas básicas para preservar la salud. Y estas normas deben considerar aspectos como los horarios, la alimentación, el deporte y los biorritmos.

Los horarios deben considerarse en cuanto a las horas de descanso, trabajo y ocio. Estos tres aspectos son fundamentales para mantener el equilibrio perfecto del organismo. Hoy se sabe que el exceso de horas dedicadas a un trabajo incesante puede ser contraproducente, ya que llega un momento que ni el cuerpo resiste ese ritmo ni el cerebro es capaz de producir ideas creativas. Los grandes propietarios de multinacionales o grandes empresas ven con buenos ojos que sus directivos dediquen un tiempo a realizar actividades de las denominadas ociosas, saben que tras unas horas de ocio el impulso creador y laboral es más productivo. Contrariamente, si el esfuerzo es incesante y continuado, puede conllevar una caída de la creatividad y de la productividad. Estudios realizados en diferentes empresas de todos los sectores demuestran que los accidentes y errores se producen cuando el personal supera el tiempo habitual de su jornada laboral. Un sobreesfuerzo continuado lleva a situaciones de cansancio, baja concentración, dejadez y exceso de confianza, agotamiento intelectual y pérdida de la atención. La falta de atención, como veremos más adelante, se convierte en un de los factores claves del fracaso. La disciplina oriental pone parte de su esfuerzo en mantener la atención.

El horario de descanso diario debe convertirse en un espacio de tiempo sagrado. Dormir pocas horas tiene consecuencias nefastas a corto y a largo plazo. La mayor parte de los accidentes y desastres se ocasionan por una falta de horas de sueño. Los analistas en accidentes ferroviarios, aéreos o laborales concluyen que la mayoría de ellos se deben a causas relacionadas con la falta de horas de descanso, es lo que en términos periodísticos se determina como «un error debido a factores humanos». Los lunes por la mañana suelen ser, según los expertos, los días en los que se producen más errores y accidentes, las causas se atribuyen a un exceso de actividades y falta de horas de sueño a lo largo del fin de semana. Un estudio realizado entre trabajadores de centrales nucleares mostró que los errores en diferentes operaciones se habían cometido, en la mayoría de los casos, por exceso de cansancio, y que el lunes era el día más nefasto de toda la semana.

Pero lo importante no es tan sólo dormir entre siete y ocho horas, sino respetar un horario que se equilibre con el cuerpo y los biorritmos. Salvo rarísimas excepciones, el descanso no es normal y equilibrado si las horas de descanso no se producen seguidas. Por otra parte, acostumbrar al cuerpo al mismo horario se convierte en un beneficio para todo el organismo. El consejo para unos buenos horarios se traduce simplemente en acostarse y despertarse siempre a la misma hora.

La alimentación es otro de los factores claves para el equilibrio del cuerpo. Debe ser sana y equilibrada, y entendemos por sana la dieta mediterránea, baja en grasas y rica en frutas y verduras. Los horarios de las comidas también deben ser respetados con escrupulosidad, y deben convertirse en actos sagrados. Los orientales creen que el momento de la comida debe dedicarse exclusivamente a comer, saborear los alimentos y alimentarse sin ningún tipo de estrés.

Las actividades deportivas fortalecen el cuerpo y aportan energía al cerebro y, por lo tanto, deben convertirse en algo cotidiano. Media hora de piscina o gimnasia por la mañana contribuye notablemente al mantenimiento de un cuerpo sano y fuerte.

Todo ello lleva a conocer al propio cuerpo y saber cuáles son las propias limitaciones. El ejecutivo guerrero al igual que el samurái precisa saber con exactitud cuáles son sus límites físicos, para poder retirarse a descansar y recuperar la fuerza necesaria para continuar el combate cotidiano.

Capítulo 2

El arte de respirar en la tradición zen

Decídete en el lapso de siete soplos.
PROVERBIO SAMURÁI

Cuando la respiración de una persona es inestable, todo es inestable; cuando la respiración es jadeante, todo lo que se realiza es fatigoso y sofocante; cuando una respiración es entrecortada, hasta el pensamiento es vacilante. Todo ello revela la importancia que tiene la respiración en la imagen externa que se transmite, pero también manifiesta lo importante que es esta función para el correcto funcionamiento de nuestra mente.

En *El libro secreto de los samuráis,* Naoshige destaca: «Si uno se lanza sin vigor, siete de cada diez acciones suyas se quedarán cortas. Es sumamente difícil tomar decisiones en estado de agitación. Por el contrario, si lejos de preocuparnos por las consecuencias insignificantes, se abordan los problemas con el espíritu afilado como una navaja, se encuentra siempre la solución en menos tiempo del que se necesita para soplar siete veces».

Se ha dicho que uno de los secretos mejor guardados por todas las tradiciones de Oriente ha sido el arte de respirar. Por lo general, la gente considera la respiración como un hecho consumado, como un mecanismo automático del cuerpo humano del que no tenemos que preocuparnos porque funciona por sí mismo, como la circulación de la sangre. Sin embargo, sobre la respiración se puede incidir, cambiar su ritmo, hacerla más estable o inestable. Recordemos que lo primero que hacemos cuando nacemos es respirar, y al final de nuestras vidas un respiro marca la muerte. Pero entre esos dos momentos tan importantes la respiración sigue un ritmo constante, para algunas personas de una forma casi inconsciente.

La forma de respirar de cada persona revela un estado de ánimo determinado. Una persona que tenga miedo a vivir también tiene miedo a respirar. Si uno es violento por naturaleza, su respiración también será violenta. Y si uno se encuentra deprimido, lo reflejará a través de la respiración de una forma inconfundible.

Una persona adulta respira 21.600 veces en 24 horas, lo que significa 15 respiraciones por minuto, una cada cuatro segundos. La esperanza de vida está relacionada con la frecuencia de la respiración. Para muchos maestros de yogui o los maestros zen, toda persona que practica la regulación y el control de la respiración, consigue un desarrollo mucho más armonioso de todas las funciones de su cuerpo. Luchar por un dominio consciente de la función respiratoria es aprender a ser dueños de nuestro destino.

El dominio de la respiración es sumamente útil en cualquiera de los acontecimientos de la vida cotidiana o empresarial. La función de la respiración puede llevar, a través de un simple ejercicio, de un estado agitado a un estado de calma. Una reunión en la que la tensión es evidente puede armonizarse gracias al dominio de la respiración. No es lo mismo tomar decisiones en un estado agitado que ejecutarlas serenamente. En cualquier caso la respiración marcará pautas dentro del cuerpo, acelerará los ritmos del corazón, embotará la mente, producirá más nerviosismo o creará efectos contrarios, en los que la armonía dominará todos estos efectos fisiológicos.

Para empezar hay que saber cómo respirar de la forma más adecuada; luego, poco a poco, se verá cómo dominar esa respiración para aquietar el cuerpo y la mente.

Si observamos detenidamente a muchas personas veremos que tienen dificultades al hablar con su respiración, precisan tomar aire o se entrecortan. Un ejemplo claro lo tenemos en algunos locutores radiofónicos o televisivos que, en su disertación, precisan realizar pausas para tomar aire. Este hecho se produce porque respiran por la boca y no por la nariz. Normalmente se debe respirar por la nariz. La respiración por la boca es contraproducente en muchos aspectos. Las personas que respiran por la boca son más propensas a contraer resfriados y catarros, ya que el aire frío y los virus penetran directamente en los pulmones. La respiración a través de la nariz es la propia del ser humano, puesto que la nariz es un órgano que está mucho más preparado para filtra cualquier clase de impureza que contenga el aire, incluso los microbios. El aire que se respira a través de la nariz sufre un proceso de recalentamiento que le permite llegar a los pulmones a una temperatura más adecuada. La respiración nasal permite acompasar los diálogos o los monólogos de una forma equilibrada.

Toda actividad requiere una respiración distinta. Si se está sentado meditando o reflexionando, la respiración deberá ser más lenta que si se está practicando algún tipo de actividad que requiera movimiento. Si se lee, la respiración será sosegada, mientras que si se está hablando hay que gobernar esa respiración de forma que no entrecorte otras funciones, o que las otras funciones no entrecorten la respiración.

Así, el primer paso es la respiración nasal. Para aquellas personas que estén acostumbradas a respirar por la boca este hecho les podrá parecer extraño y difícil, pero si se limitan a cerrar la boca y respirar sólo por la nariz, observarán que no es nada problemático y que no les ocasiona ningún tipo de malestar. Sólo se trata de practicar durante unos días, y se apreciará que inmediatamente el cuerpo se acostumbra a este tipo de respiración, ya que para el organismo supone muchas ventajas. Poco a poco se observará que practicando la respiración nasal mejora el estado de salud, existe menos fatiga y se puede controlar la entrada del aire de una forma más concreta.

La respiración natural debe funcionar con la región abdominal saliendo afuera a medida que entra el aire y contrayéndose a medida que sale. En toda respiración existen tres partes: aspiración, retención y espiración. En la aspiración, el aire entra en el cuerpo como resultado de la expansión del abdomen; en la retención, la parte inferior del tronco toma la forma de una olla: el aire aspirado es absorbido parcialmente por los pulmones, revitalizando todo el cuerpo. Es en este instante cuando hay que centrar la atención en hacer circular el aire por todo el organismo. Finalmente, en la espiración eliminamos desperdicios y residuos del sistema respiratorio.

Tanto los hindúes como los maestros zen proponen que la respiración tenga un ritmo determinado, y aconsejan que la proporción entre aspiración, retención y espiración sea uno-cuatro-dos. Es decir, la retención dura cuatro veces más que la aspiración, y la espiración el doble que la aspiración. A este proceso se le denomina «respiración controlada».

Hay que considerar que este tipo de respiración debe adecuarse a cada tipo de ser humano, ya que cada persona tiene una capacidad pulmonar diferente, y por lo tanto esa capacidad no podrá corresponder exactamente a las cifras que hemos mencionado. Supongamos que convertimos esas cifras en segundos, aunque no necesariamente son medidas de tiempo sino instantes determinados, una persona con una gran capacidad pulmonar deberá multiplicar por dos esos tiempos, es decir, se convertirán en dos-ocho-cuatro. Aún se podría hablar de un cuarto tiempo que sería el instante que existe entre la espiración y la aspiración, es decir, el comienzo de ciclo. Para los expertos en respiración controlada esta pausa debería ser tan larga como la retención. En cualquier caso, la toma de aire siempre debe ser tranquila y la expulsión de aire del cuerpo debe convertirse en un *dejar ir*, es decir, el aire debe salir suavemente, como si se dejase caer. En la respiración nunca se debe forzar la entrada y salida de aire, debe convertirse en un procedimiento normal.

Para aquellas personas que nunca han practicado respiración controlada es aconsejable cierta vigilancia al comienzo, ya que al no estar el cuerpo acostumbrado se puede sentir algún tipo de molestia. Por esta razón es aconsejable no practicarla hasta el punto de agotarse físicamente, y descansar si se sienten mareos o cansancio, o si el corazón empieza a latir aceleradamente. También es aconsejable realizar este tipo de respiración en lugares bien ventilados. Lo ideal es en la montaña o a orillas del mar.

Hemos visto, a rasgos generales, la importancia que tiene la respiración, la forma más adecuada de respirar y un método sujeto a un ritmo respiratorio. Pero ¿de qué manera podemos utilizar la respiración como herramienta en momentos determinados? Como veremos a continuación existen técnicas de respiración que pueden ser muy útiles en momentos determinados. Hay momentos de la vida de un ejecutivo en los que se ve agobiado por el estrés o la tensión, instantes en los que parece que se está a punto de estallar. Son circunstancias originadas por el exceso de trabajo o por reuniones difíciles en las que los nervios predominan y afloran. En otras partes de este libro explicamos cómo los ejecutivos japoneses se relajan y meditan antes de una reunión importante. Sin embargo, en ocasiones no hay tiempo para una relajación o una meditación de varios minutos. Así, inesperadamente uno se ve convocado a una reunión o debe hablar con una persona con la que los estados de ánimo están exaltados. En estos instantes se precisa, de una forma u otra, calmar la mente, aquietarla, reducir el nivel de adrenalina en el cuerpo, mantener la calma.

Para estos casos Leonard Orr propone un tipo de respiración denominada «veinte respiraciones conectadas». Orr fue el creador del denominado *rebirthing,* un concepto que nace en California (EE. UU.) en la década de los setenta. Se trata de un sistema terapéutico basado en la respiración oriental. Para Orr este sistema es importante porque incrementa la propia energía y mejora las relaciones interpersonales. Según Orr la respiración es el poder de la mente, un hecho reconocido en la India desde hace miles de años. En realidad, la respiración propuesta por Orr no es una idea nueva, ya que en Oriente los samuráis o los tiradores de flechas con arco ya practicaban diversos tipos de meditación antes de realizar sus ejercicios o enfrentarse en combate o competición. Se trataba de ejercicios respiratorios que tenían como objetivo calmar la mente y equilibrar el cuerpo para poder tener una armonía completa en el momento de disparar la flecha o de combatir con sable.

Las veinte respiraciones conectadas, realizadas en un momento dado, permiten aquietar la mente, armonizar el sistema nervioso y enfrentarse a los próximos acontecimientos de una forma equilibrada y tranquila. Se trata de una técnica que se recomienda cuando alguien va a tener un diálogo con otra persona y dicha situación le produce palpitaciones o tensión nerviosa, cuando se va a realizar una entrevista de trabajo, un examen oral o una reunión de máxima importancia. Veamos el ejercicio de una forma práctica.

- El ejercicio debe realizarse en un período de tiempo no superior a los treinta segundos.
- La respiración siempre debe realizarse por la nariz.
- En cualquier caso, el practicante debe ser consciente de lo que está realizando y de la finalidad que pretende conseguir con el ejercicio.
- Se empieza realizando cuatro respiraciones cortas.
- Al final de cada serie de cuatro respiraciones cortas, se realizará una respiración larga y profunda.
- Es decir, se realizarán cuatro respiraciones cortas y una larga. Esto se hará cuatro veces sin detenerse durante treinta segundos.
- Las veinte respiraciones deben sucederse de manera que formen una sola serie de respiraciones conectadas.
- La finalidad de las respiraciones cortas es la de acentuar la conexión y fusión de la inspiración y la espiración en círculos ininterrumpidos.
- La finalidad de las respiraciones largas es la de llenar todo el espacio que quede libre en la inspiración, y luego vaciarlo por completo en la espiración.
- La velocidad adecuada es la intermedia entre la de expeler y retener.

- Se debe sentir la respiración libre, no hay que forzarla ni controlarla.
- El ritmo de la respiración debe ser fluido.
- Al respirar se sentirá la energía circulando por el cuerpo.

La práctica de las «veinte respiraciones conectadas» se convierte en un excelente método para relajarse rápidamente. Muchos luchadores de artes marciales lo practican antes de entrar en combate, puesto que les ofrece un sistema efectivo para relajarse y controlar la mente y el cuerpo. Su ventaja está en que sólo requiere treinta segundos, medio minuto que puede robarse a cualquier momento; antes de entrar en un despacho, antes de recibir a alguien, caminando hacia otro departamento de la empresa, en un ascensor, etc.

Capítulo 3

Relajando la mente y el cuerpo

Dejad que el sabio sea dueño de su mente,
la cual es difícil de percibir, extremadamente sutil,
y siempre buscando placeres.
Una mente bien vigilada conduce a la felicidad.
CITTAVAGGA DE LA SENDA
DE LA ENSEÑANZA DE BUDA

Un cuento japonés explica que un violento samurái pidió a un anciano maestro zen que le explicara los conceptos de cielo e infierno. El maestro le replicó: «¡No eres más que un patán y no puedo malgastar mi tiempo con tus tonterías!». El samurái, herido en su honor, montó en cólera y, desenvainando la espada, exclamó: «Tu impertinencia te costará la vida». El maestro le replicó: ¡Eso es el infierno!». Conmovido por la exactitud de las palabras del maestro sobre la cólera que le estaba amenazando, el samurái se calmó, envainó la espada y se postró ante él, agradecido.

Narutoni Hyogo destaca en *El Libro secreto de los samuráis*: «Lo que se entiende por vencer es, en primer lugar, dominar a los aliados, y dominar a los aliados es dominarse, y dominarse es controlar rigurosamente el cuerpo [...] Si primero no se ha sabido dominar el espíritu y el cuerpo, no es posible vencer al enemigo».

En este mismo libro podemos leer: «Un hombre valeroso debe mantenerse sereno y no dar jamás la impresión de sentirse desbordado. Sólo las personas insignificantes, cuyo carácter se muestra agresivo, buscan a toda costa la fama y se enfrentan con cuantos tienen a su lado».

Relajarse es prepararse para el combate diario que cualquier ejecutivo debe realizar. Pero no confundamos estar relajado con estar descansado. Se puede haber dormido tranquilamente las ocho horas necesarias, no sentir ningún tipo de cansancio en el cuerpo y, sin embargo, no encontrarse relajado. La relajación no afecta solamente a los músculos, al cansancio, a la pesadez, sino al estado de ánimo, a la inquietud, a la angustia o al nerviosismo. Por esta razón, para relajarse se precisan unos ejercicios más específicos.

Cada persona consigue su estado de relajación de una manera diferente. Hay quien se relaja leyendo una novela de aventuras y quién necesita estar sentado frente al mar escuchando el embate de las olas. En ocasiones se puede encontrar la relajación realizando algo completamente distinto a lo que habitualmente se hace. Hay científicos e investigadores que tras un día de continuo trabajo en el laboratorio, donde se han forzado en pensar y realizar mil análisis distintos de una investigación, encuentran su relajación asistiendo al cine y viendo una película del Oeste cuya trama carece de mensaje pero en la que los indios y el séptimo de caballería luchan desaforadamente en las praderas del Oeste.

Así se constata que los métodos de relajación pueden ser infinitos:

- Escuchar música tranquilamente en el sillón de casa.
- Practicar algún deporte.
- Ver una película.
- Pasear por el bosque.
- Sentarse a orillas del mar.

- Leer alguna novela.
- Jugar al ajedrez.
- Realizar crucigramas.
- Coleccionar sellos, mariposas o cualquier otra cosa.
- Pintar, escribir o dibujar.
- Realizar trabajos de artesanía.
- Asistir a algún evento deportivo.
- Practicar jardinería.
- Un masaje.

Podríamos realizar una lista interminable, pero, en definitiva, lo que verdaderamente interesa es estar relajado en el trabajo cotidiano, enfrentarse a la tarea ejecutiva en una situación de relajamiento que permita estar equilibrado y en armonía interna.

Como veremos en el capítulo siguiente un método para relajarse es la meditación, tan practicada por los ejecutivos orientales. Sin embargo, la relajación es un ejercicio previo a la meditación, ya que no se puede conseguir una meditación efectiva si uno no está previamente relajado.

Una forma de entrar en una relajación rápida puede ser las veinte respiraciones conectadas que hemos tratado en el capítulo anterior. La respiración se convierte en un elemento clave para la relajación, ya que si ésta es tranquila todo el cuerpo estará tranquilo. Si la respiración es agitada todo el organismo estará agitado.

La relajación desentumece el cuerpo, liberándolo de cargas y presiones, y, también, desentumece la mente, aliviando al cerebro de tensiones y preocupaciones. La relajación es, en definitiva, dejarse llevar y acabar siendo consciente de uno mismo integrándose en un todo mental y emocional capaz de dominar a ese gran yo que es cada persona.

En estas páginas se propondrán dos métodos de relajación. El primero nos permitirá apreciar la diferencia entre un parte de nuestro cuerpo relajado y otro tenso; el segundo método tiene como objetivo relajar todo el cuerpo y la mente durante unos minutos.

Primer ejercicio de relajación.

- Una forma de comprobar si una parte de nuestro cuerpo está relajado es conocerlo cuando está en estado de tensión. En ocasiones una parte de nuestro cuerpo está tensa y no apreciamos ese cambio muscular. Esa tensión significa un desgaste importante de energía, un consumo de azúcar, una pérdida de vitalidad que afecta a todo el organismo. No nos damos cuenta y tenemos la mandíbula fuertemente apretada, o una pierna tensa o un puño cerrado; en cualquier caso, esas partes de nuestra anatomía están en tensión.
- Sentados en una posición cómoda se procede a estirar el brazo derecho en tensión, girándolo ligeramente. Con este movimiento se apreciará que todos los músculos del brazo están tensos. Seguidamente se procede a destensar y relajar el brazo observando cuidadosamente la diferencia entre tenso y destensado.
- A continuación se realiza este mismo ejercicio con el brazo izquierdo, procediendo de la misma forma.
- De igual modo se tensa la mandíbula sintiendo como todos los músculos de esta parte de la cara aprietan fuertemente. Luego se destensa dejando la boca ligeramente abierta. Ahora efectuaremos lo mismo con los músculos del cuello, para después destensarlos.
- Seguiremos el ejercicio tensando los músculos del estómago y destensándolos. Luego haremos lo mismo con el bajo vientre, con la pierna izquierda y la pierna derecha. Y, finalmente, con el ano y las partes sexuales.

Este sencillo ejercicio nos permite apreciar la diferencia entre estar en estado de tensión o relajado. Así, en lo sucesivo se sabrá cuándo un músculo o una parte del cuerpo está relajado y cuándo está tenso.

Con el siguiente ejercicio se tratará de aquietar la mente y relajar todo el cuerpo.

Segundo ejercicio de relajación.

- Para este ejercicio hay que estar estirado sobre una cama o una colchoneta. Es importante que la ropa no apriete el cuerpo, y que no se lleve puesto ningún objeto que presione, como puede ser un reloj. Para realizar el ejercicio es conveniente estar en una habitación ventilada y con luz tenue; preferiblemente el lugar debe ser lo más silencioso posible.
- Se procederá dividiendo el cuerpo y localizando la atención en la imagen mental de la parte que se está relajando, sintiendo cómo, poco a poco, queda cada vez más suelta y con menos tensión. Se trata de visualizar los miembros del cuerpo cada vez más relajados y menos pesados, al mismo tiempo que se evita cualquier tensión sobre ellos.
- Así se comenzará por los miembros izquierdos, primero cada uno de los dedos del pie izquierdo, y después todo el pie hasta el tobillo, a continuación se relajará del tobillo a la rodilla y finalmente de la rodilla a la cadera. Antes de proseguir relajando otras partes, se tomará conciencia de la relajación en toda esa pierna, y después se realizará el mismo proceso con la derecha.
- Cuando ambas piernas estén relajadas se procederá a relajar el tronco, haciendo hincapié en el abdomen, después en los riñones, a continuación en el pecho y los pulmones y finalmente en los hombros. Una vez realizada esta parte de la relajación se volverá a tomar conciencia de la relajación en ambas piernas y en todo el tronco. A continuación, se procederá a relajar todos y cada uno de los dedos de la mano izquierda, después de la mano hasta la muñeca, desde la muñeca al codo y finalmente desde el codo hasta el hombro. Seguidamente tomaremos conciencia de la relajación de todo el brazo izquierdo y se pasará al derecho procediendo de igual manera.
- El siguiente paso será relajar el cuello y la cabeza. Antes de hacerlo se repasará nuevamente el estado de todo el cuerpo. Se relajará el cuello, percibiendo este estado primeramente en la nuez y la tráquea y, a continuación, en las cervicales; después se procederá a relajar la boca, la lengua, la cara y finalmente los ojos, primero el izquierdo y luego el derecho; una vez realizados estos ejercicios, se efectuará una relajación

Segundo ejercicio de relajación. ***(Continuación)***

de toda la cabeza y finalmente se tomará conciencia del estado de relajación global del cuerpo.

- Cada miembro debe quedar suelto, flojo, sin tensión, nervios, ni intención de movimiento. Paralelamente a esa distensión del cuerpo, debe visualizarse cada una de las partes que se van relajando y percibir tranquilidad interna.
- Cuando todo el cuerpo está relajado físicamente, es preciso dejar la mente en blanco, dejarse llevar, sentir ese estado de paz y tranquilidad consciente, pero no de sopor o sueño.

Capítulo 4

Calmar la mente

Están siempre alertas y despiertos los discípulos de Gotamaque, día y noche, hallan su deleite en la meditación.

PAKINNAKAVAGGA DE LA SENDA DE LA ENSEÑANZA DE BUDA

¿Es necesario que los ejecutivos practiquen el arte de la meditación? Si el ejecutivo quiere seguir la vía del ejecutivo guerrero tiene que practicar algún método para calmar y acallar su mente, para relajarla y conseguir a través de esta práctica un dominio importante de sus pensamientos y sus acciones. Una gran mayoría de los ejecutivos japoneses meditan diariamente, algunos lo realizan a primera hora de la mañana, mientras que otros lo hacen al anochecer. Lo importante es mantener una constancia. La práctica de la meditación lleva a un «desenganche» de los problemas cotidianos. A una reorganización cerebral, a una descarga de todo lo que satura la mente. En ese estado no interesa nada más que «estar», como bien ilustra el pequeño relato de un maestro zen y su discípulo que a continuación narramos:

Estaba un maestro zen meditando en su zufo cuando un discípulo se le acercó e interrumpiéndole le preguntó: «Maestro, ¿qué es peor la ignorancia o el desprecio? El maestro le respondió: «Ni lo sé, ni me importa».

A lo largo de este capítulo no abordaremos las técnicas de meditación, sólo aconsejaremos un breve método de trabajo, el lector puede encontrar en la bibliografía algunos libros que le pueden iniciar perfectamente en las técnicas meditativas. Cabe destacar que Daniel Goleman, antes de escribir la *Inteligencia emocional*, publicó varios libros en los que describía sus experiencias en la práctica de la meditación, una práctica que no ha dejado de realizar nunca. Otro aspecto que destacaremos en este capítulo serán los efectos y las ventajas de la meditación, así como la opinión que tienen médicos, psicólogos, científicos y filósofos sobre su práctica.

En la segunda parte de este libro hablaremos de la vía del ejecutivo guerrero, en esta vía veremos que sus acciones, su comportamiento, están íntimamente ligados con los aspectos espirituales. La meditación es el camino directo que atraviesa la barrera de la palabra hacia el silencio espiritual, ya que con la meditación el sujeto se acerca a sí mismo en un silencio íntimo.

Nadie pone en duda el hecho de que la meditación intensifica la percepción mediante la dirección consciente de la atención, que ayuda a penetrar en la psique observando los procesos psicológicos y los estados mentales, la quietud y la sabiduría oculta.

A través de la meditación el sujeto se limpia de las impurezas que tiene en su interior. Cura heridas que se abren y dejan de ser heridas. En definitiva, la meditación se convierte en un camino hacia la propia verdad interna.

Quién decida practicar día a día la meditación percibirá, inmediatamente, una cambio sustancial en su vida, y se dará cuenta de que ya nada será igual. Por un lado experimentará cambios de conducta que se traducirán en un incremento de su autoestima, también verá como poco a poco, sus miedos y sus fobias van desapareciendo. Por otra parte, comprobará cómo se superan sus conflictos internos, raíz de muchas neurosis y causa de dificultades en la interrelación con el mundo y otras personas.

En el plano fisiológico, se reduce la ansiedad, la presión sanguínea, el nivel metabólico se equilibra y se detecta un importante equilibrio energético. Según Wallace, la meditación llega a producir pautas peculiares en los niveles hormonales de la sangre y de la circulación; también produce pautas electroencefalográficas mejor sincronizadas, que son más lentas ínter hemisféricas y en cada hemisferio cerebral en particular.

Para Rober Orstein, uno de los investigadores más destacados en el funcionamiento de la mente, la meditación reduce el lactato de la sangre; y hoy sabemos que un nivel alto de esta sustancia se relaciona con la neurosis de la ansiedad.

Para Ken Wilber, uno de los pensadores más destacados de la actualidad –autor de numerosos libros, el lector podrá encontrar en la bibliografía la obra que recoge todo su pensamiento–, meditar se convierte en una necesidad si queremos participar activamente en el desarrollo evolutivo de la humanidad. Wilber llega a sugerir que si no meditamos, jamás superaremos nuestra mediocridad. Para Wilber la meditación desautomatiza, debilita el ego, nos abre las puertas a un orden superior, es evolución y transformación, y su práctica nos hace sentir más sensibles y más alerta.

El psiquiatra, psicoanalista y terapeuta gestáltico Claudio Naranjo, destaca que la práctica de la meditación es una preparación para dejar atrás el ego sin tragárselo, y aproximarse al fondo de la conciencia que está más allá de los fenómenos mentales. Naranjo llega a afirmar que la meditación tiende a descubrir los problemas psicológicos y logra un alivio que, a veces, no ha logrado conseguir el terapeuta. La meditación en la línea gestáltica se convierte en la máxima sufí de «vivir».

Daniel Goleman, que ya hemos mencionado anteriormente, se pasó varios años en la India practicando, estudiando y experimentando diversos métodos de meditación. En su opinión, la meditación es un proceso que nos lleva al desapego.

Ram Dass, que daba clases en la universidad de Harvard sobre la integración de la filosofía espiritual oriental y su relación con el pensamiento occidental, destaca que la meditación es un ejercicio que pone al descubierto el funcionamiento de la mente y de las fuerzas que operan en ella, enseñando a superar el ego.

Roger Walsh, profesor de psiquiatría y comportamiento humano, cree profundamente que la meditación favorece el bienestar psicológico y la sensibilidad perceptiva, que aumenta la autoestima y la capacidad de autorrealización.

Para Walsh la investigación sobre la meditación aún se encuentra en una primera etapa, pero la mayor parte de los datos psicológicos y fisiológicos parecen coincidir con la afirmación de que la meditación permite reconducir una serie de estados alterados y alcanzar un estado más saludable.

Chógyam Trungpa, destacado maestro oriental autor de numerosos libros, destaca que la verdadera meditación comienza cuando dejamos de preocuparnos por nuestra seguridad y nos aceptamos como somos, una máxima que también es compartida por el ejecutivo guerrero que abordaremos en el próximo capítulo. Trungpa explica que la meditación nos permite comprender que no hay nada a qué enfrentarse. Para él la meditación se convierte en una forma de reconciliación, de compenetración consigo mismo, y de hacerse amigo de sí mismo.

Finalmente, no podemos terminar este capítulo sin ofrecer algún método sencillo para iniciarse en la meditación. Para ello ofreceremos unos breves consejos sobre el lugar ideal, la postura corporal, así como un simple ejercicio de meditación. Para aquellos que quieran ampliar sus conocimientos sobre las técnicas de meditación, recomendamos que consulten los libros propuestos en la bibliografía.

> Para meditar se precisa un lugar tranquilo, silencioso e íntimo, como esos ejecutivos japoneses que tiene un cuarto anexo a su despacho donde practican meditación, relajación y algún tipo de ritual antes de participar en una reunión importante o una entrevista destacada.

Así el lugar debe ser silencioso, con luz tenue, ventilado y cómodo. Puede estar compuesto de un simple puf o cojín sobre una alfombra orientada hacia el sureste. Si se desea practicar diariamente un ejercicio de meditación, lo mejor es realizarlo a primera hora de la mañana. También se puede practicar antes de una reunión con el fin de calmar los nervios y la ansiedad. En cualquier caso la práctica debe durar, como mínimo, entre veinte y treinta minutos. Cuando se inicia un ejercicio de meditación es fundamental tomar la determinación de que se estará meditando el tiempo que se ha marcado. Se trata de un principio de intención, hay que respetar y cumplir el tiempo que se ha fijado, ya que con ello se refuerza algo en el interior del individuo, y la mente asume que no habrá tregua hasta que se cumpla el plazo establecido. Esta determinación permite desarrollar una gran fuerza mental. Si por el contrario se incumple esta determinación por cansancio, aburrimiento, pereza u otra razón, se cae en una terrible trampa, ya que la mente asimila que en otra ocasión también puede vencer, y obligar a terminar el ejercicio antes del tiempo establecido.

Para no tener interrupciones durante la meditación se tomarán precauciones, como advertir a otras personas de que no entren en la habitación, que no pasen recados y, sobre todo, se desconectarán los teléfonos, especialmente los móviles.

En cuanto a la postura, existen muchas formas de sentarse. Se puede meditar sentado en un sillón o en una silla, se puede meditar estirado, pero, por lo general, la mejor forma es meditar sentado en postura de sastre o de loto sobre un zufo o cojín. Para ello uno debe sentarse con las piernas abiertas, dobladas sobre sí mismas y cruzadas. En esta posición la columna vertebral debe quedar recta, permitiendo el paso del flujo de energía. La mirada debe dirigirse hacia el frente con el mentón perpendicular al cuerpo, las manos sobre los muslos, mirando hacia arriba y ligeramente cerradas (véase figura de pág. 31) para evitar que la energía se pierda. Respecto a las manos hay diversas posturas, la que hemos indicado es la más sencilla.

El siguiente ejercicio ayudará a estar presente en el aquí y ahora e impedirá que la mente se distraiga con otros pensamientos.

- Se empieza por adoptar la postura adecuada, forzando la espalda en una posición recta y la barbilla perpendicular al cuerpo. Mantener los ojos cerrados.
- A continuación intentamos relajarnos, realizando un recorrido con la mente por todo el cuerpo, descubriendo los puntos que están en tensión y procediendo a relajarlos.
- Seguidamente se procede a focalizar la atención en la respiración, visualizando el espacio que hay entre la nariz y la boca.
- La respiración debe efectuarse sólo por la nariz.
- A ser posible, se mantendrá el ritmo comentado en el capítulo anterior, es decir: uno, cuatro, dos, cuatro. La retención dura cuatro veces más que la respiración, y la expiración el doble que la aspiración. La pausa sin respirar será de la misma duración que en el momento de retención.
- Durante la meditación sólo se estará atento a esta respiración, sin apegarse a ningún tipo de pensamiento. Tampoco se tratará de oponer resistencia, pero en el momento que aparezcan hay que intentar olvidarse de ellos.
- El objetivo de esta meditación es la atención en la respiración, así como en todo el cuerpo. Hay que ser consciente de que se está respirando. Si se desea, como alternativa a la concentración en el espacio que existe entre la nariz y la boca, se puede centrar la atención en el movimiento del abdomen, experimentando solamente la sensación del movimiento de éste al subir y bajar.
- Este ejercicio deberá tener una duración mínima de veinte minutos.

Capítulo 5

El secreto está en la atención y las energías

Aquel que es diligente, atento, cuyos actos son puros, que obra con prudencia, posee el dominio de sí mismo y la atención, ése acrecentará su gloria.

APPAMADAVAGGA DE LA SENDA DE LA ENSEÑANZA DE BUDA

El ejecutivo guerrero precisa desarrollar dos aspectos importantes que han tenido vital importancia entre los guerreros que practicaron el arte de la guerra y los samuráis. Uno de estos aspectos se refiere a la atención, el otro al conocimiento y al aprovechamiento de las propias energías.

La atención es una actitud que los occidentales no valoran debidamente, y ello es causa de muchos errores. Al no prestar atención a lo que nos rodea se pierde gran parte de los acontecimientos, y las equivocaciones crecen de forma considerable. Muchos accidentes laborales, muchos fracasos comerciales, muchas debacles financieras son debidos a la falta de atención.

Los orientales han ilustrado el tema de la atención con infinidad de narraciones. La historia que se presenta a continuación es bastante significativa de la importancia de la atención y del tiempo que requiere aprender a conocer esta cualidad.

> Un discípulo que practicaba el arte de la atención fue a visitar a un maestro zen. Llovía, y al entrar por la puerta dejó sus zapatos y el paraguas en la entrada de la casa. Tras presentar sus respetos anunció al maestro que él ya dominaba el arte de la atención, ahora sólo deseaba aprender algo más del maestro y complementar nuevos aspectos sobre la atención. El maestro zen le preguntó a qué lado de los zapatos había dejado el paraguas. El discípulo no pudo recordarlo, por lo que el maestro zen le contestó: «Practica el arte de la atención zen siete años más y luego vuelve a visitarme».

Pero ¿qué entendemos por atención? Los occidentales, que somos prolíferos en definir racionalmente todas las cosas, definiríamos la atención desde una perspectiva psicológica como un proceso psicofisiológico que dispone al individuo a la selección y focalización de determinados estímulos e informaciones de su campo perceptivo. Los orientales, especialmente los maestros zen, no tienen una definición muy concreta de la atención como demuestra la historia que se reproduce a continuación:

> Un hombre de pueblo dijo un día al maestro zen Ikkyu.
>
> —Maestro, ¿podría escribirme algunas máximas de la más profunda sabiduría?
>
> Inmediatamente, Ikkyu tomó su pincel y escribió la palabra «Atención».
>
> —¿Esto es todo? —preguntó el hombre—. ¿No va a añadir algo más?
>
> Entonces Ikkyu escribió dos veces seguidas: «Atención. Atención».
>
> —Bueno —observó el hombre más bien en un tono irritado— no veo realmente mucha profundidad o sutileza en lo que acaba de escribir.
>
> Ikkyu escribió entonces la misma palabra tres veces seguidas: «Atención. Atención. Atención».

> Medio enfadado, el hombre preguntó:
>
> —En todo caso, ¿qué quiere decir la palabra «Atención»?
>
> E Ikkyu respondió amablemente: «Atención significa atención».

Podemos decir, de una forma muy occidentalizada, que existen dos clases de *atención*. Una estaría enfocada a los actos externos, otra a los actos internos, pero ambas son complementarias. Así, se puede estar realizando una determinada acción y tener centrada toda la atención en ella. Se puede estar negociando con una persona y estar prestando toda la atención a lo que nos explica y, al mismo tiempo, estar poniendo especial atención a lo que se contesta, ya que de las respuestas que se den dependerá el éxito o el fracaso de una operación comercial.

La atención se convierte en una herramienta vital para el desarrollo del ejecutivo guerrero. Con ella consigue un dominio de las situaciones externas y, al mismo tiempo, de uno mismo. Prestar atención es como ser consciente de uno mismo, medir con eficacia todas las acciones que se realizan, no hablar sin ton ni son, comportarse en la justa medida y dominar las situaciones. Finalmente, para ilustrar el tema de la atención, un nuevo cuento que muestra la importancia que los maestros zen le dan.

> Un pequeño discípulo se encuentra en el patio del templo con un maestro ciego, pero que se desenvuelve con soltura. «¿Cómo consigues moverte con esta soltura?», pregunta el discípulo. «No es ningún obstáculo, he desarrollado el resto de los sentidos —explica el maestro— ¿Te has fijado en el pequeño saltamontes que descansa silencioso junto a mis pies?». El pequeño discípulo observa como el saltamontes se aleja silenciosamente dando saltos, y le pregunta al maestro: «Anciano, ¿cómo has podido oír al saltamontes si no ha hecho ningún sonido». El anciano le responde: «¿Y cómo es que tú no lo has oído?».

La atención interna lleva a reconocer todo lo que ocurre dentro del cuerpo y de la mente. Sentir los fluidos y las energías que circulan para saberlas aprovechar.

Al hablar de energía da la impresión que se esté entrando en el campo de lo paracientífico, sin embargo, toda la medicina moderna está considerando muy seriamente la fuerza energética que circula por el cuerpo humano. Los orientales ya consideraban la energía desde tiempos muy antiguos, y la enseñanza de los samuráis se basaba en estas energías que algunos pueblos reconocían como el «chí» y otros como «Yin Yang».

Lo importante es saber potenciar estas energías y estos sólo se consigue a través de toda una serie de técnicas determinadas, como son:

- Meditación
- Yoga espiritual
- Alimentación vegetariana
- Dietas determinadas
- Ejercicios específicos
- Relajación
- Masaje
- Ayunos temporales

Se trata de aspectos claves que sirven para preparar la potenciación de energías. De todas estas técnicas existe abundante bibliografía que puede ayudar a quién quiera iniciarse en alguna de ellas.

En más de una ocasión se dice de alguna persona que «está radiante de energía». La gente se expresa así cuando ve la capacidad de trabajo de algunos ejecutivos. Pero no se refieren exclusivamente a su capacidad de resistencia física, sino también en lo referente a sus cualidades psíquicas, su intuición, su magnetismo, su sentido del humor, la fuerza que transmite, su atención, su capacidad de discernir entre los correcto y lo incorrecto, y otras muchas más facultades.

¿Se pueden palpar las energías? Indudablemente uno puede sentir cuándo está pletórico de energías, pero también existen infinidad de sensaciones que pueden ayudar a conocer cuando estas se mueven, aumentan o se pierden. Veamos a continuación las sensaciones que pueden producir las energías:

- Cuando las energías abundan se nota algo que desborda la identidad propia.
- En la mayor parte de las ocasiones, si se presta la debida atención al cuerpo humano, se aprecia la pérdida de energías cuando se escapan.
- El alejamiento de las energías, o la carencia de ellas cuando uno ha logrado una relación con esta fuerza, produce inquietud.
- La desaparición de energías origina la pérdida de interés por determinadas actividades que antes eran importantes.
- En ocasiones, la desaparición de energías produce angustia. Es la sensación que siente quién fracasa y se desploma sin fuerzas para continuar.
- La falta de energías puede producir efectos externos, como temblores, debilidad, frío o calor.
- En realidad, las energías ayudan a intensificar la unidad con todo lo que rodea al individuo. Si esta unidad ha desaparecido es que existe una importante carencia de energías.
- El despertar de la energía puede sentirse localizado en el pecho, bajo el abdomen, en la cabeza. A veces da la impresión que se extiende más allá de la superficie del cuerpo.

De la misma forma que uno puede adquirir energías puede disiparlas, y esto es un aspecto muy importante en la vida del ejecutivo guerrero. Si se averigua cómo se malgastan también se sabe cómo se producen y dónde se obtienen.

Se puede decir que las energías se disipan de las siguientes maneras:

- Cuando uno se levanta por la mañana con pereza, sin ganas de iniciar la jornada laboral, sin fuerza para enfrentarse a los retos diarios.

- Cuando se prescinde de realizar algún tipo de ejercicio matinal, como puede ser una meditación o algún tipo de ejercicio físico.
- Cuando uno se asea de una forma rutinaria y se viste o se arregla con el fin de triunfar en el mundo sólo con la apariencia.
- Cuando se desayuna, se come o cena sin prestar atención a ese acto, sin darle una ritualización adecuada. Cuando se realiza viendo la televisión, ojeando un periódico y se engulle sin saborear y sin prestar atención a la alimentación que se ingiere.
- Cuando la alimentación que se practica no es sana y se abusa de las bebidas alcohólicas y el tabaco.
- Cuando leyendo la prensa o viendo los telediarios uno se implica en la violencia o la destrucción, en la crítica y en los falsos valores.
- Cuando uno se enfurece, discute apasionadamente y ve a las otras personas con negatividad.
- Cuando el apasionamiento de la codicia o el poder no deja ver la realidad del mundo y la vida.
- Cuando se trata mal a animales, plantas o al entorno ecológico.
- Cuando se sufre estrés social.
- Cuando se mantienen malos hábitos como el tabaco, las drogas o el alcohol.
- Cuando se actúa inconscientemente, sin atención.
- Cuando se dedica el tiempo a acciones y hechos carentes de todo valor.
- Cuando no se escucha el propio cuerpo, no se explora mentalmente y no se perciben las energías.
- Cuando se aborda el mundo que nos rodea con rigidez, apegados a estructuras inamovibles con las que uno se identifica.
- Cuando se bloquean los flujos de energías provenientes de fuera.
- Cuando los objetivos de la vida son mundanos.

- Cuando la ira, la posesividad, la autocompasión y la rivalidad están presentes.
- Cuando se intelectualiza en exceso.
- Cuando uno se figura cosas.

Capítulo 6

El arte de saber observar

Son pocos aquellos que llegan a la otra orilla, la mayoría sólo yerran incesantemente en la costa.
PANDITAVAGGA DE LA SENDA DE LA ENSEÑANZA DE BUDA

El arte de observar a los demás requiere un trabajo importante de atención y psicología. La observación de otras personas nos permite descubrir actitudes, miedos, engaños, y toda una valiosa información que puede ser muy útil para negociar.

En más de una ocasión nos cruzamos en la vida con personas cargadas de pomposidad que tratan de demostrar grandes conocimientos sobre todo lo que cuentan. Una simple profundización en esas personas nos demuestra que todo es artificial, que sólo existe una careta externa y que en realidad sus conocimientos se reducen a cuatros aspectos memorizados. Jocho Yamamoto, en *El libro secreto de los samuráis,* destaca sobre este aspecto: «Una persona que tiene pocos conocimientos se da aires de sabio: es una cuestión de inexperiencia. Cuando uno posee algo, eso no se debe notar en su comportamiento: la persona que obra así está bien educada».

Pero todo trabajo de observación requiere práctica y sobre todo atención. Se puede decir que la observación empieza por uno mismo, por observar los más mínimos detalles y circunstancias que nos rodean. Observar a los demás es anticiparse a los acontecimientos. En ocasiones, el mero de hecho de saber observar aporta como consecuencia el poder ayudar a expresar sin miedos lo que la otra persona nos quiere explicar. En el próximo capítulo abordaremos con más detalle diversos aspectos de la observación en relación con las otras personas, una serie de circunstancias que entran en lo que Daniel Goleman llamó «inteligencia emocional», pero también veremos que esas circunstancias requieren determinadas actitudes y posturas que nos permitan escuchar, ser escuchado y dialogar con efectividad.

En este capítulo nos centraremos en la técnica que nos permitirá despertar nuestro sentido de la observación. Pero antes de entrar en este punto nos gustaría relatar la historia del guerrero Yagyu Takima-no-kami, discípulo del maestro zen Takun, quien desarrolló una capacidad increíble de observación, atención e intuición que le hicieron invencible ante sus rivales.

> Yagyu Takima-no-kami se encontraba profundamente absorto en la contemplación de los cerezos en flor. De pronto sintió un «sakki» (aire de asesinato) que le amenazaba por la espalda, pero no pudo determinar de qué fuente emanaba el «sakki». Este hecho le preocupó, ya que había adquirido, después de largo adiestramiento en el arte de la espada, una especie de sexto sentido por el que era capaz de advertir de inmediato la presencia del «sakki».
>
> Durante largos días estuvo preocupado por este suceso, ya que con anterioridad nunca había cometido un error al advertir y localizar claramente el origen del «sakki» al intuir su presencia. Hecho que le había permitido salvar su vida ante asesinos enmascarados que le aguardaban en oscuros rincones o traidores que le atacaban por la espalda.
>
> Como sus sirvientes lo veían preocupado y pensativo le preguntaron si necesitaba alguna ayuda. Yagyu Takima-no-kami les

relató el incidente, y entonces el paje que siempre seguía al guerrero le confesó: «Cuando vi a su señoría tan absorto admirando los cerezos en flor, me asaltó una idea, y pensé, por diestro y preparado que esté mi señor en el uso de la espada, no podría probablemente defenderse si en este momento yo lo atacara de repente por la espalda. Sólo era un pensamiento, pero es posible que fuera sentido por mi señor».

El sirviente esperó el castigo del guerrero Yagyu Takima-no-kami, pero éste no le castigó, ya que se había aclarado el misterio del «sakki» que había sentido, y estaba satisfecho al constatar que su sensación había sido correcta y que su preparación y facultades eran tan profundas e instintivas que podía llegar, incluso, a captar un pensamiento del posible ataque.

Esta historia muestra la importancia que tiene observar y prestar atención a los presentimientos. ¿Cuántas veces ha sucedido que en una reunión de negocios se ha tenido el presentimiento de que la otra persona no estaba actuando con honradez? ¿Se han preguntado cuántas veces han hecho caso a estos presentimientos y se han librado de caer en una trampa comercial o financiera? Pero ¿a qué son debidos estos presentimientos, interviene sólo la intuición o existe algún factor más?

Se podría decir que existen dos clases de factores: externos e internos. Un factor interno es cuando se aprecia un titubeo, un gesto o una falsa sonrisa en la otra persona con la que se está negociando. A través de la observación directa se capta algo que se contradice con el mensaje que la otra persona está emitiendo. Este hecho alerta algo en nuestro interior, enciende una luz de alarma que nos advierte de que el interlocutor que tenemos enfrente pretende engañarnos o que no actúa con sinceridad.

En este caso concreto ha sido la observación directa y externa la que ha aportado datos que han servido para alertar. Pero también existe un segundo factor: la observación interna. En este segundo caso no se percibe aparentemente nada en los gestos o palabras del interlocutor, sin embargo, en el mismo momento o más tarde, hay algo que indica que aquella persona no está actuando con honradez. ¿Qué ha ocurrido? Simplemente que el subconsciente ha captado aspectos que la observación directa ha sido incapaz de detectar. A veces pueden ser factores tan sutiles como un temblor o un tic en la otra persona, un aumento de la adrenalina, una gota de sudor, rasgos suficientes para alertar a la mente. ¿Qué ocurre en este segundo caso? La mente procede a emitir su alarma, a veces lo hace instantáneamente, en otras ocasiones una hora más tarde o durante el sueño. Así, puede suceder que uno se levante de la cama al día siguiente y que en su mente tenga muy claro que no debe cerrar aquel negocio con la persona que estuvo hablando porque no le inspira la suficiente confianza. En otras ocasiones la mente manda el mensaje de forma más compleja, nos advierte a través de un malestar en el cuerpo, ya sea un pinchazo, un movimiento de intestinos o una ligera jaqueca. Los psicólogos ponen especial atención en constatar que estos reflejos del cuerpo durante una reunión de negocios se deben a actos reflejos a través de los cuales la mente quiere advertir de que algo, en aquella reunión, no funciona bien.

Así se puede comprender que no se trata solamente de la observación de los demás, sino también de la observación de uno mismo, ya que nuestro subconsciente capta aspectos que se escapan a la observación de los sentidos, y trata de comunicarlos a la mente a través del propio cuerpo. Todo ello nos lleva a la conclusión de que, si por una parte se debe agudizar la observación normal, por otra también hay que saber observar el propio cuerpo y, por tanto, potenciar su observación.

Indudablemente también se debe estar atento a los mensajes intuitivos que, como hemos visto, son debidos a una información que llega al cerebro de una forma tan rápida y fugaz que apenas se puede captar de una forma normal. Cuando aparece la intuición o corazonada, si se quiere llamar de esta segunda manera, no debe despreciarse, debe escucharse. Si la intuición está advirtiendo que no se puede fiar del interlocutor con el que se está negociando, hay que actuar inmediatamente. Por un lado hay que poner en alerta a todos los sentidos, escuchar más atentamente las palabras que la otra persona quiere decir, no lo que quiere que se crean los demás; por otro lado hay que agudizar la observación, captar la sinceridad de las sonrisas, la postura de sus manos, la actitud general del interlocutor. También se puede interrogar al subconsciente profundo como si fuera otro yo que habita en el interior de uno mismo. Se puede preguntar: ¿Por qué no me debo fiar de esta persona? ¿Qué hay en mi interlocutor que me hace sospechar de él? ¿Qué he captado interiormente acerca de esta persona?

Todas estas preguntas pueden ayudar sustancialmente a aclarar la situación. Se trata de plantearlas y dejar que la mente responda. En ocasiones el pensamiento formula respuestas a partir de cómo ha manejado determinados argumentos, cómo se ha contradicho en algunos aspectos, cómo ha temblado ligeramente cuando ha hablado de un determinado asunto, cómo insiste en aspectos superficiales y evita entrar en los profundos, etc.

Es evidente que se debe agudizar el sentido de la observación y el de la autoobservación. Para ejercitarse sobre la autoobservación, proponemos dos ejercicios que pueden ser de gran utilidad. Ambos ejercicios tienen raíces milenarias, posiblemente fueron realizados por guerreros samuráis para acrecentar sus sentidos y el conocimiento de sí mismos. El primer ejercicio nos llevará al desarrollo de la atención al entorno; el segundo se centrará en la atención hacia nuestro interior.

Primer ejercicio: atención al entorno

- Este ejercicio se puede realizar en una habitación silenciosa por la noche, o bien en el interior de un bosque o en un lugar solitario a orillas del mar o de un río.
- Para llevarlo a cabo se adoptará la postura de meditación que ya se ha mencionado en el capítulo anterior.
- Se iniciará relajando el cuerpo, como también se hacía en ejercicios anteriores.
- Nos centraremos en realizar una respiración nasal, pero no será necesario centrarse exclusivamente en la respiración, sino simplemente dejar que lleve su ritmo.
- Si se ha conseguido dominar el ritmo respiratorio uno-cuatro-dos-cuatro, se procederá a dejarse llevar por esta respiración.
- Se evitará apegarse a los pensamientos que aparezcan en la mente, sólo se prestará atención a los sonidos externos: si estamos en una habitación, se escuchará el crujido de algún mueble, sonidos lejanos, un avión, etc. Un bosque puede aportar una variedad infinita de sonidos, crujidos, movimientos de las ramas por el aire, animales que se mueven entre la hojarasca, cantos de pájaros, simples aleteos. Junto a un río o al mar el agua aportará nuevo sonidos. La atención debe estar centrada en escuchar esos sonidos, sin pararse a pensar en ellos, solamente sentirlos.
- Se descubrirá que hay una infinidad de sonidos que pasan inadvertidos y que sólo se pueden recuperar a través de una plena atención.
- Además de atender a los sonidos se debe ejercitar el sentido del olfato, tratando de descubrir nuevos olores, aromas o perfumes que se perciban en el ambiente.

Segundo ejercicio: atención al interior

- En este segundo ejercicio se procederá de forma similar al anterior.
- Un primer paso será escuchar todos los sonidos externos que recibimos.
- El segundo paso se centrará en percibir los sonidos propios: la respiración, los latidos del corazón, el estómago y los intestinos, los silbidos en las orejas.
- Insistiendo en la observación de los sonidos interiores se realizará un recorrido mental por el organismo. Se trata de visualizar los órganos más importantes, como los pulmones, los riñones, el estómago, etc.
- Este ejercicio servirá para captar las variaciones en estos órganos y ser más susceptibles a los mensajes que nos envían en determindas ocasiones.

Capítulo 7

Dominando las emociones

Para aquel cuya mente no está agitada por el placer, que no da cabida al odio y ha sobrepasado el bien y el mal, para ese hombre vigilante, el temor ya no existe.

CITTAVAGGA DE LA SENDA DE LA ENSEÑANZA DE BUDA

¿Hasta qué punto las emociones pueden afectar la mente de un ejecutivo guerrero? Indudablemente, las emociones se convierten en un continuo torbellino que afecta la mente y machaca los pensamientos de una forma obsesiva. El siguiente relato corto zen ilustra con claridad la importancia del dominio de las emociones.

> Dos monjes zen volvían por la noche a su templo. Había llovido y el camino estaba muy embarrado. Llegaron a un cruce donde había una bella muchacha incapaz de cruzar la calle debido al barro. Uno de los monjes la cogió en sus brazos y la cruzó al otro lado. Después los monjes continuaron su camino en silencio. Aquella noche, el segundo monje, incapaz de contenerse más tiempo, le dijo: «¿Cómo has podido hacer eso? Los monjes no podemos mi-

rar a las mujeres, y mucho menos tocarlas si son jóvenes y bellas». El otro monje mirándolo con serenidad le contestó: «Yo he dejado a la muchacha allí... ¿tú aún la llevas?».

Cuando las emociones afectan, el esfuerzo por dominarlas debe ser mayor. Las emociones siempre están ahí, forman parte de nuestro legado psicológico. El maestro armenio George Ivanovitch Gurdjieff decía que había que combatir las emociones hasta eliminarlas. Los psicólogos modernos creen que ese camino es un disparate, y que las emociones nunca podrán eliminarse, la única respuesta contra las emociones es evitar que dominen al hombre: debe ser el hombre quien domine a las emociones.

Un dicho de los samuráis reza: «Cuando sube la marea, el barco se eleva». Eso significa que al enfrentarse a las dificultades se agudizan las facultades. Si las emociones se hacen presentes de una forma intensa, hay que agudizar las facultades del guerrero para dominarlas.

Daniel Goleman supo advertir la importancia de las emociones y la repercusión que estas tienen sobre las personas. Así Goleman expone una serie de principios sobre el trabajo con las emociones. El trabajo de este psicólogo norteamericano basa sus raíces en otros investigadores que ya habían considerado las emociones como un punto crítico de la personalidad y de su desarrollo. Investigadores como George I. Gurdjieff, Rudof Steiner, Abraham Maslow, Charles Tart, ya habían desarrollado importantes trabajos relativos a la importancia que las emociones tienen en la vida de las personas.

De una forma escueta recordaremos los principios de Goleman en su *Inteligencia emocional*, destacando la importancia que tienen en el mundo de los negocios.

Para Goleman es muy importante el conocimiento de las propias emociones, concretamente la capacidad de reconocer un sentimiento en el mismo momento que aparece. La capacidad de reconocer un sentimiento en el momento que aparece cuando estamos negociando un aspecto importante o cuando estamos tratando algo vital con otra persona. Si el individuo es incapaz de percibir ese sentimiento queda a su merced. El dominio de los sentimientos es crucial a la hora de decidir con quién se va a negociar, qué personas se quiere que participen en esa negociación, a quién se envía para estudiar determinado asunto o a quién se elige para poner en marcha un proyecto concreto. En estas decisiones —fundamentales en el mundo empresarial— se pone en juego el éxito o el fracaso, por lo que el análisis de las decisiones debe realizarse de una forma fría en la que los sentimientos no intervengan.

Un segundo punto se basa en la capacidad de controlar las emociones, es decir, la capacidad que permite dominar los sentimientos y adecuarlos al momento. Para ello, según Goleman, es muy importante saber tranquilizarse a uno mismo, desembarazarse de la ansiedad, la tristeza y la irritabilidad, cuyas consecuencias pueden ser fatales en el momento de tomar decisiones. En los capítulos anteriores ya hemos abordado toda una serie de técnicas y consejos para aquietar la mente, para dominar la tensión y alejar la ansiedad. Como se demuestra es de vital importancia tener este dominio, especialmente las personas que tienen que batallar constantemente con tensiones desagradables. El arte está en saber recuperase rápidamente de estas tensiones, sobreponerse a ellas y enfrentarse a los reveses de la vida con serenidad y equilibrio emocional.

Un tercer punto estaría basado en la capacidad de motivarse a uno mismo. En la segunda parte de este libro, en lo que se refiere concretamente a la vía del ejecutivo guerrero, vemos cómo su camino es una continua motivación, esencial para espolear y mantener la atención y la creatividad. Los ejecutivos que son capaces de motivarse suelen ser más productivos y eficaces en todas las labores que realizan. Por otra parte, tienen la capacidad de transmitir y contagiar esa motivación al equipo con el que trabajan.

En un cuarto punto se analiza la facultad de reconocer las emociones ajenas. Un factor de máxima importancia cuando se está tratando con otras personas, ya que permite reconocer cuándo sus decisiones han sido tomadas de una forma lógica, analítica, o cuándo las emociones han tenido un papel destacado en su comportamiento. Saber reconocer las emociones ajenas permite apreciar qué necesitan o qué quieren verdaderamente los demás. Una facultad de suma importancia en profesiones que se dedican a la venta o a la dirección empresarial. Conocer lo que verdaderamente desea otra persona puede ser muy útil a la hora de negociar cualquier acuerdo o transacción comercial.

Finalmente está el control de las relaciones, cuyo arte se basa en la habilidad para interrelacionarse adecuadamente con las emociones ajenas. Una habilidad que permite destacar en todas las actividades vinculadas a las relaciones interpersonales.

En cualquier caso, estos cinco puntos de Goleman requieren entrenamiento, observación de uno mismo y del entorno; ejercitarse en lo que hemos propuesto en los capítulos anteriores para estar preparado en los momentos de crisis. En resumen una preparación cotidiana para cuando surja la crisis delicada. Ittei Ishida, sabio confuciano de Han Saga y maestro de Jocho Yamamoto, destaca al respecto: «Los asuntos de poca importancia deben estudiarse con seriedad. Hay pocos problemas que realmente sean muy importantes; estos no se presentan más que dos o tres veces en el transcurso de la existencia. Una reflexión cotidiana os convencerá de ello. Por eso resulta indispensable prever lo que habrá que hacerse en caso de crisis. Cuando esta llegue, es necesario recordar la solución, a fin de poder resolverla. Sin una preparación cotidiana, cuando surja una crisis delicada, uno será incapaz de tomar una decisión rápida, con lo que se corre el riesgo de tener consecuencias desastrosas».

Las pautas de Goleman tienen especial resonancia en las reuniones ejecutivas o en las reuniones comerciales. Son en este tipo de encuentros, en los que se discuten proyectos o se negocian transacciones, cuando las emociones juegan un papel más destacado. Es en este tipo de reuniones en las que resulta imprescindible considerar factores como el conocimiento de las propias emociones, la capacidad de controlarlas, la capacidad de automotivarse y de contagiar la motivación a los demás, el reconocimiento de las emociones ajenas y el saber relacionarse adecuadamente con las emociones de los demás.

Para este tipo de encuentros aportaremos una serie de consejos que tienen relación con las emociones y que pueden servir para avanzar con armonía en la reunión.

Inicialmente se debe considerar que:

- Se debe prestar atención tanto al pensamiento individual como al pensamiento colectivo.
- El diálogo entre personas procedentes de entornos distintos suele sostener creencias y opiniones fundamentalmente diferentes.
- Para negociar o dialogar sobre cualquier tema o proyecto lo ideal es que la gente se siente en círculo.
- Lo primero que debe vencerse entre los componentes de una reunión es la ansiedad.
- Hay que recordar que cada una de las personas que acude a la reunión lo hace con intereses diferentes.
- Participar es combatir y expresar la propia opinión con libertad.
- Hay que estar abierto a la posibilidad o a la evidencia de que se puede estar equivocado.
- En una reunión en la que se exponen futuros proyectos hay que abrirse a las opiniones e ideas de los demás.
- Se trata de que todo el mundo aprenda a escuchar y a conocer las opiniones de los demás.
- Hay que estar dispuesto a enfrentarse a algo diferente.
- Se debe ser capaz de ir más allá de la mera transmisión de datos.
- En reuniones gerenciales hay que partir de algo en común, algo que vaya tomando forma a lo largo del diálogo.
- Hay que saber escuchar sin prejuicios y sin tratar de imponer nada.

Se destacaría como aspectos negativos en estos tipos de reuniones las siguientes actitudes:

- Escuchar a los demás a través del filtro de los propios pensamientos.
- Mostrar síntomas fugaces de miedo ante ciertas preguntas.
- No aceptar que se cuestionen las ideas más profundas y demolerlas con gran carga emocional.
- Tender a reaccionar a la defensiva ante cualquier evidencia contraria a las propias ideas o defenderse emocionalmente ante cualquier opinión adversa.
- Pensar que a veces en la lucha de opiniones no gana quién más razón tiene, sino quién más poder ostenta.
- Se debe tener en cuenta que las actitudes defensivas llevan a aferrarse a creencias y sostener que se tiene razón.
- Lo que bloquea la sensibilidad es la barrera defensiva impuesta por las creencias y opiniones.

La vía del ejecutivo guerrero

Un samurái le preguntó a otro: «Cuando me enfrento al enemigo siempre tengo la impresión de que penetro en las tinieblas y que, por culpa de eso, estoy gravemente herido... mientras que tú, que has luchado contra tantos hombres valientes, jamás has resultado herido. ¿Cómo puede ser posible?». El otro respondió: «Cuando me enfrento al enemigo, también siento como si penetrase en las tinieblas. Pero tan pronto como tranquilizo mi espíritu, todo se vuelve como una noche iluminada por una luna pálida, si ataco en ese momento, sé que no me pasará nada».

A lo largo de esta segunda parte citaremos una serie de aforismos, siempre escritos en cursiva, que se han convertido en máximas y que eran enseñadas a los jóvenes guerreros samuráis con el fin de que alcanzasen el «camino» o la «vía». Todas estas máximas mantienen su vigencia para el ejecutivo guerrero, ya que ofrecen lecciones que atañen a su comportamiento y a otros aspectos de su vida.

El guerrero samurái es una figura fundamental en la historia del Japón. Lo que caracterizó al samurái, más que cualquier otra cosa, fue su peculiar concepto del honor y de la vida, de la lealtad y de su posición en el mundo. La clase samurái se transformó con el tiempo en una elite cultísima preparada para ejercer no sólo el gobierno político y militar, sino también la administración del país. El samurái es un caballero que, ante todo, debe convivir permanentemente con la idea de la muerte como algo cotidiano, una realidad que le acompaña.

Fue el budismo zen la escuela que mejor se adaptó a las necesidades de la clase guerrera, aportando sobriedad, disciplina individual y los fundamentos prácticos del entrenamiento físico y mental. Todo ello fue aceptado por el samurái. Como es sabido, en el zen no es necesario el conocimiento intelectual para alcanzar la iluminación, a la que se llega por el esfuerzo individual. Los samuráis, que se habían forjado en el campo de batalla, aceptaron rápidamente la filosofía zen que les ofrecía simplicidad esencial, espontaneidad, valoración de la naturaleza y toda una serie de conceptos que abarcaban desde la ceremonia del té hasta las más refinadas artes marciales. Así, el zen se asemeja a los principios de los samuráis o viceversa, ya que ambos están basados en un camino personal que recorre el individuo en solitario mediante su esfuerzo mental y físico.

Como la historia de la conversación entre los dos samuráis que inicia esta parte del libro, los ejecutivos guerreros tienen que alcanzar una tranquilidad de espíritu cuando actúan. Esa tranquilidad será la que les permitirá adquirir la suficiente confianza para saber que triunfarán y que «no les pasará nada».

Los próximos capítulos llevarán al ejecutivo guerrero a comprender, inicialmente, que debe crearse un código de conducta, unas normas duras pero flexibles que le permitan alcanzar lo que quiere ser: un ejecutivo guerrero.

Pero el código de conducta no será suficiente y precisará una formación constante que permita adquirir nuevos conocimientos que enriquezcan su sabiduría y actualicen su aprendizaje. Una preparación y una disciplina que en ocasiones precisará del consejo de aquellos que ya han pasado por este camino. La conducta del ejecutivo guerrero no se centra exclusivamente en su ámbito laboral, no es posible una dualidad en este caso. El ejecutivo guerrero tiene que trascender más allá de la empresa y hacer de su vida privada un mundo cuyos códigos no desmerezcan su estatus.

En su trabajo el ejecutivo guerrero tendrá que demostrar su valía a la hora de aplicar todo lo que ha aprendido como guerrero, esa hora es la que se denomina el «momento de la acción». La acción se materializará en decisiones, en órdenes y planificaciones, toda una serie de actividades que serán ampliadas en la tercera parte de este libro, al aplicar *El arte de la guerra* de Sun Tzu al mundo comercial, empresarial y financiero.

Los antiguos tratados de los samuráis no olvidaban algo que el mundo moderno parece descuidar: la existencia de energías. No se trata de energías místicas, ni energías esotéricas, se trata de las energías que hemos descrito en el capítulo quinto y que la físico-medicina actual toma en consideración.

Dos aspectos más conforman este segunda parte, uno relativo a la soledad del ejecutivo guerrero, una soledad alcanzada por su grado de conocimiento que en ocasiones parece separarle de los subordinados que le rodean. Finalmente, el miedo al fracaso, y también el miedo al triunfo y sus consecuencias, es decir, miedo a ganar y a perder.

Capítulo 8

Código de conducta

Una mano sin heridas puede tocar veneno;
el veneno no afecta al que no tiene heridas;
tampoco existe el mal para aquel que no
comete malas acciones.
LA SENDA DE LA ENSEÑANZA
DE BUDA (PAPAVAGGA)

Antes de entrar en la vía del ejecutivo guerrero, donde se abordarán diferentes aspectos de su comportamiento, expondremos diez puntos del código de conducta que todo ejecutivo guerrero debe, no sólo considerar, sino practicar en cualquier momento de su vida.

1. *El ejecutivo guerrero no tiene que vivir de lamentaciones. Los errores cometidos deben ser considerados como enseñanzas.*

2. *No hay que autocompadecerse por nada. El ejecutivo guerrero debe ser coherente con sus errores cometidos.*

Estos dos primeros puntos del código de conducta merecen un comentario más amplio. Las lamentaciones no sirven para nada en la conducta de un ejecutivo guerrero. Lamentarse de haber fracasado en un proyecto o en la forma de haber realizado una operación comercial sólo lleva a abrir más las heridas. Autocompadecerse es demostrar que no se sabe solucionar el error cometido. Siempre se pueden cometer errores, son muy pocas las personas que no han cometido nunca un error. Se podría decir que todo el mundo en algún momento de su vida ha cometido algún error. Pero los errores no deben convertirse en traumas que se rememoren constantemente, sino en enseñanzas. De todo error se puede extraer una enseñanza. Para ello hay que empezar por ser coherente con el error cometido. Analizarlo buscando las causas y los orígenes del fracaso. Sólo un examen detallado de los sucesos permitirá que estos no vuelvan a reproducirse, evitando que se caiga por segunda vez en el mismo error. Los errores aportan la ventaja de enriquecer la experiencia. Un dicho popular occidental dice que «el ser humano es el único animal que tropieza dos veces con la misma piedra». Este tópico se supera cuando se sabe dónde está la piedra, por qué se ha tropezado con ella y qué ha producido la distracción.

3. *El ejecutivo guerrero tiene que superar el ego de la autoimportancia. El ego de la autoimportancia se convierte en un velo que no deja ver más allá.*

El ego de sentirse importante, de verse admirado y aclamado por los demás, puede convertirse en un mal compañero, ya que crea una sensación de autosuficiencia que, con el transcurso del tiempo, acaba por convertirse en un velo que no deja ver más allá. El ego de sentirse importante va creando un estado irreal en el individuo, una idolatría, una sensación de creerse tan superior a los demás que toda opinión o consejo ajeno resulta innecesario. Poco a poco el mundo se va reduciendo a uno mismo y se pierde el contacto con la realidad.

4. *No hay que autoengañarse nunca.*

El autoengaño es el peor camino que puede emprender el ejecutivo guerrero. El autoengaño puede llevar a convertir la realidad en un mundo ilusorio. Cuando la situación comercial o industrial no va bien no hay que autoengañarse, tampoco hay que alarmarse exageradamente ni ser pesimista. Hay que saber ver la realidad en su justa medida. Sólo en esas condiciones se pueden tomar las decisiones justas y oportunas. Recordemos la historia de la botella de vino que se encuentra repleta en su mitad. El pesimista dirá que está medio vacía; el optimista dirá que está medio llena. Para la visión serena se ha consumido la mitad y queda otra mitad.

5. *No culpar a los demás de nuestra situación.*

Nuestra situación sólo tiene un responsable: uno mismo. Si se ha llegado a una situación delicada por culpa de errores cometidos por otros, el responsable siempre es uno mismo, ya que no ha valorado las aptitudes de los demás a la hora de darles responsabilidades, o ha confiado en consejos ajenos sin realizar sus propios análisis y deducciones. Lo que nunca se puede hacer es culpar a los demás, especialmente cuando en algunos casos el principal responsable de la situación es uno mismo. En el segundo punto se ha expuesto que «el ejecutivo guerrero debe ser coherente con sus errores». Tampoco se debe acumular odio contra aquellos que nos han traicionado o nos han derrotado comercialmente, ya que estos odios sólo sirven para distraer el pensamiento de nuevas estrategias a seguir condicionándolas a la venganza, que en muchos casos no repercute en beneficios comerciales. En el Yamakavagga de la Senda de la Enseñanza de Buda leemos: «Él me ha engañado, me ha golpeado, me ha derrotado, me ha robado: nunca se consume el odio de aquellos que albergan tales pensamientos».

6. *Ajustarse a la realidad como es.*

Ya hemos mencionado la impòrtancia de tener una percepción de la realidad tal como es. Los triunfalismos así como los pesimismos distorsionan la realidad y hacen tomar falsas decisiones estratégicas, que no se ajustan a los hechos.

7. *No crear pretextos ni autojustificarse. El ejecutivo guerrero debe ser responsable de sus actos.*

Las decisiones del ejecutivo guerrero no deben fundamentarse en pretextos o autojustificaciones. Las acciones se deben realizar con decisión, sin necesidad de utilizar pretextos para hacer lo que se cree oportuno. Tampoco hay que justificarse de las acciones ante uno mismo, ya que se supone que forman parte de una decisión que ha sido pensada, estudiada y analizada serenamente.

8. *El ejecutivo guerrero debe ser ecuánime.*

Para ello debe cultivar incesantemente la ecuanimidad, la firmeza de mente, la estabilidad y la armonía emocional. La mejor forma de conseguirlo es evitando los extremos y situándose en un centro de conciencia alejado de la avidez y la aversión, ya que el ser humano suele moverse por estos dos impulsos que son debidos al apego, odio, aferramiento y resentimiento.

9. *El ejecutivo guerrero debe tomar la vida como un maestro.*

Tomarse la vida como un maestro significa que debe ser un ejemplo para los demás. Eso implica que sus acciones deben estar guiadas por la moral y la recta conducta de unos valores éticos.

10. *El ejecutivo guerrero no debe arrogarse cualidades que no tiene.*

    Atribuirse cualidades que no se tienen es como crear una falsa imagen que tarde o temprano se derrumbará. Por desgracia todas las personas tienden a atribuirse cualidades de las que carecen, en muchas ocasiones aquellas de las que están más faltos. El violento grita a favor de la paz, el intolerante alude a su gran tolerancia y diálogo con los demás, etc. El ejecutivo guerrero debe combatir estos aspectos a través de un examen sincero de sí mismo, y de la continua vigilancia de su comportamiento y de sus actitudes.

Visto este código de conducta del ejecutivo guerrero cabe señalar que el arquetipo del guerrero es algo que todos llevamos en nuestro interior, una herencia difícil de expulsar y que pervive a pesar de nuestras actitudes conscientes. La fuerza del guerrero se mantiene latente para resurgir tarde o temprano. El ejecutivo guerrero se mueve por herencia ancestral. Si se careciera de este impulso no se podría haber desarrollado el mundo empresarial, no existirían las grandes multinacionales, ni se habrían descubierto nuevos mercados donde vender o comprar. Como bien dijo un famoso antropólogo, sin el instinto de la aventura y el impulso del guerrero todavía estaríamos pintando bisontes en las cuevas neolíticas.

Veamos a continuación las principales características del arquetipo del ejecutivo guerrero:

- Este arquetipo constituye una forma de energía instintiva, una energía que se lleva dentro y que forma parte de toda le herencia de la humanidad.
- El ejecutivo guerrero conoce la brevedad y fragilidad de los acontecimientos y de las acciones que realiza. Sabe que el triunfo es circunstancial y que su brevedad debe ser apro-

vechada. Se encuentra en un mundo cambiante cuyos éxitos o fracasos dependen de los acontecimientos.

- El fracaso no le ocasiona depresión, sino todo lo contrario, le proporciona energía vital y una mayor percepción intensificada de los acontecimientos que le rodean.
- Para el ejecutivo guerrero cada proyecto, acción u operación comercial o industrial, debe ser llevada a cabo como si fuera la definitiva.
- El ejecutivo guerrero no tiene tiempo para dudas. Las acciones deben emprenderse sin titubeos.
- Se sumerge plenamente en su trabajo, en la vida que rodea su profesión. Lo vive todo intensamente.
- La profesionalidad y el aprendizaje continuo es vital para el ejecutivo guerrero, ya que precisa habilidad, precisión, control. Precisa estar informado y documentado, ya que estos factores constituyen la base del éxito o el fracaso en todas las actividades y operaciones que realice.
- El ejecutivo guerrero debe prepararse y profesionalizarse para ser «todo lo que puede ser».
- Las acciones del ejecutivo guerrero nunca son exageradas ni teatrales, ya que nunca malgasta la energía que tiene en escenificar ni exagerar.
- El ejecutivo guerrero no toma decisiones en función de su relación emocional con otras personas, por encima de todo prevalecen sus propios ideales, su proyecto.

Capítulo 9

El ejecutivo guerrero y sus poderes

Pensaba en todo momento que estaba aprendiendo a vencer; pero comprendo ahora que vencer no es más, ni tampoco menos, que perder.

MIYAMOTO MUSASHI,
MAESTRO DE ESGRIMA ZEN (1645)

El ejecutivo guerrero no lucha con espada, no se enfrenta a sus adversarios o sus competidores con coraza, peto, casco, malla, hombreras, guantes o todo ese conjunto de piezas que constituyen la armadura medieval, su mejor arma será la atención mental.

1. *Para el ejecutivo guerrero su mejor arma será la atención mental, que deberá disciplinar y entrenar.*

   La atención mental, como hemos visto en el capítulo quinto, requiere una disciplina y un entrenamiento diario. Requiere un esfuerzo continuado, una entrada constante de información. De nada sirve haber terminado una carrera universitaria con brillantes notas si después no se volverá a tocar un libro, si no se va a estar al día de los nuevos avances, si no se controlan los cambios de los mercados, si no se atiende a las fluctuaciones de la economía nacional e internacional. La atención mental significa estar al corriente de las nuevas tecnologías, saber cuál es la demanda del mercado, ver las tendencias y analizar la información detenidamente; sobre todo conocer las nuevas tendencias como realidad inmediata.

2. *La atención mental permite al ejecutivo guerrero, avanzar en su búsqueda, percibir las cosas como son y como se presentan a cada instante. La realidad inmediata.*

   El ejecutivo guerrero tiene que ser consciente de que sin esta atención mental no conseguirá triunfos, logrando sólo estancarse en una mediocridad.

3. *El ejecutivo guerrero sabe que sin atención mental no hay progreso interior.*

4. *Con la atención mental dispondrá de un arma de investigación interior y de la verdadera realidad.*

   ¿Cómo se mejora ese arma? ¿Cómo se mantiene afilada y dispuesta? La meditación es uno de los caminos, ya que se convierte en un soporte, en una herramienta de ayuda y una disciplina que le enseña. En ocasiones, al hablar de meditación no sólo hay que considerar el acto de sentarse y relajar la mente, sino también el acto de sentarse y reflexionar sobre un problema, sobre la situación actual y las posibles alternativas que se ofrecen. La técnica de la meditación o la reflexión también requiere en ocasiones ser pulida, ser modificada. Los problemas deberán ser expuestos con claridad y sinceridad, a partir de esta exposición el ejecutivo guerrero trabajará sobre ellos, reflexionará y buscará las salidas más adecuadas, todo ello a través de una meditación pacífica y tranquila.

Cabe recordar que los grandes descubrimientos de la humanidad, los grandes avances, han aparecido en el momento en que sus descubridores meditaban, reflexionaban en absoluta calma. Así, sir William Hamilton, paseando por un Puente de Dublín sumido en una meditación profunda recibió la inspiración que le llevaría a descubrir el hasta entonces ignorado concepto del álgebra vectorial. Friedrich August von Kekule, observando meditativamente las brasas de su chimenea descubrió la fórmula estructural del benceno, base de la química orgánica. Dimitri Mendeleiev concibió la tabla periódica de los elementos cuando estaba tumbado en la cama agotado por el esfuerzo de intentar clasificar los elementos según su peso atómico. Newton viendo caer una manzana tuvo la percepción creativa de una nueva verdad: la ley de la gravitación universal. Arquímedes, cuando se disponía a darse un relajante baño en su bañera formuló su famoso principio de que el volumen del agua desplazada no depende de la forma del objeto y gritó «¡Eureka!». René Descartes dijo que su *Discurso del método* fue consecuencia de un estado de reflexión y meditación profundo. Y así otros como Niel Bohr con su modelo atómico, Heisenberg con la física cuántica u Otto Loewi con la transmisión química del impulso nervioso, todos ellos aseguran que sus descubrimientos fueron fruto de momentos de meditación, de reflexión profunda en un estado mental próximo al sueño.

Por lo tanto, el ejecutivo guerrero debe tener en cuenta la importancia de los dos siguientes puntos:

5. *La meditación es el soporte y la técnica disciplinaria que adiestra la atención mental.*

6. *La atención es uno de los emblemas que el guerrero debe pulir día a día, y que le permitirá captar sin velos la realidad.*

La atención tiene una función mucho más profunda. Como se ha visto en el capítulo quinto, tiene la función de mantener la mente atenta ante los acontecimientos y sucesos que acaecen alrededor. Pero también tiene la función de vigilar la conducta de uno mismo, la forma de operar, de comportarse y de estar a la altura de las circunstancias en las que se vive. De nada sirve haber reflexionado y meditado sobre los pasos a seguir, sobre las decisiones que se van a tomar, si el comportamiento y la actitud llevan a ponerlas en práctica de una forma despótica o tiránica. El ejecutivo guerrero no puede hacer efectivas sus decisiones mostrando una pérdida de control interior. Por esta razón el ejecutivo guerrero tiene que adecuar su conducta a los acontecimientos.

7. *El guerrero utilizará la atención para estar siempre alerta, para regular su conducta y adecuarla a las circunstancias; para poder responder eficazmente a los acontecimientos.*

8. *La atención le permite estar alerta para poder conectarse consigo mismo.*

Como bien expone el punto octavo, la atención permite al ejecutivo guerrero conectarse con él mismo. Si se deja de prestar atención uno deja de participar de la realidad del momento presente. En los monasterios de enseñanza zen se prestaba especial interés en que los jóvenes discípulos estuvieran conectados a ellos mismos. El maestro zen siempre ponía el ejemplo del discípulo que llega a distraerse con el vuelo de una mosca; empieza por ver revolotear el insecto junto a él, y esa insignificancia le hace perder la atención en sí mismo y concentrarla sobre la mosca, como consecuencia también pierde la atención en la clase, en lo que está explicando el maestro. Obsérvese que, en este proceso, el discípulo empieza por perder la atención en sí mismo. Una vez que se ha perdido la atención en uno mismo, es muy fácil perder la atención en todo lo demás, ya que se deja de estar alerta.

9. *Con la atención no se malgastarán energías innecesarias, ni el guerrero se abandonará a las emociones, la angustia, la ansiedad ni a los estados deprimidos.*

¿Qué ocurre cuando el ejecutivo guerrero deja de mantener la atención? Generalmente se empieza a malgastar energía, ya que la falta de atención origina que las decisiones sean tomadas con precariedad, que la acción no esté dirigida hacia el objetivo adecuado. Es en estos momentos cuando los errores aparecen, cuando los fallos se multiplican. Pero, además, la falta de atención, tiene otras consecuencias más imprevisibles en el ejecutivo guerrero: unas consecuencias interiores. Efectivamente, la falta de atención lleva a un abandono en lo referente a las emociones. Al no controlar las emociones éstas dominan al individuo y las decisiones pueden tomarse de forma equivocada en función de aspectos emocionales que no tienen nada que ver con el negocio o la empresa. Las emociones desatadas sin atención son consecuencia de angustia y ansiedad que llevan, irremediablemente, a estados depresivos.

Así vemos que el ejecutivo guerrero debe tener muy en cuenta los dos siguientes puntos.

10. *El guerrero sólo lucha contra sí mismo, contra su mente.*

11. *El primer esfuerzo del guerrero es dominar su mente, permanecer más allá de sus pensamientos, centrado en la conciencia observadora.*

La vida del ejecutivo guerrero está llena de acontecimientos diarios, algunos parecen estar calcados de otros ya acontecidos, sin embargo, pese a la experiencia adquirida con un suceso, el ejecutivo guerrero debe saber que ningún hecho se repite igual. Nunca bebemos dos veces agua del mismo río. En ocasiones las circunstancias pueden parecer iguales, el lugar ser el mismo, la gente ser la misma que en la vez anterior, el problema tener idénticas características, pero el tiempo entre uno y otro acontecimiento habrá cambiado, y por lo tanto habrá que tener en cuenta las nuevas circunstancias que conlleva ese cambio. Esto lo saben muy bien los publicistas, saben que una campaña publicitaria en un determinado lugar ha podido tener mucho éxito, pero si se repite al año siguiente, en el mismo lugar y con las mismas características, puede ser un auténtico fracaso. Nunca dos circunstancias son iguales, nunca dos sucesos se repiten. De un acontecimiento a otro el ejecutivo guerrero ha podido aprender nuevas técnicas, y también deberá incorporar su experiencia pasada. Toda acción del ejecutivo guerrero debe contemplarse como si fuera la primera vez que se realiza, tal y como especifican los puntos siguientes.

12. *El guerrero debe aprender a contemplarlo todo como si fuera la primera vez.*

13. *El guerrero debe actuar siempre con la mente renovada, enfrentándose a la rutina cotidiana.*

Cada acontecimiento que forma parte de la vida del ejecutivo guerrero debe convertirse en un hecho que hay que vivir intensamente, algo que tiene que sentir en lo más profundo de sí mismo. Así, la realización de un proyecto tiene que convertirse en algo que hay que percibir como auténtico, que hay que experimentar, sentir en uno mismo haciendo que forme parte de una realidad cotidiana.

14. *El guerrero debe abrirse a cada acontecimiento y experimentarlo con intensidad.*

15. *Una mente silenciosa y perceptiva no huye de la realidad, la experimenta.*

Sin embargo, si el ejecutivo guerrero quiere aplicar todo su conocimiento de la técnica zen, también debe ajustarse a su sentido peculiar de esta filosofía. En ese momento es cuando aplicar el siguiente punto puede crear más confusión en la mente occidental, ya que vamos a mencionar una característica muy difícil de entender.

16. *El guerrero debe aplicar el arte de no-hacer, de no involucrarse en lo que hace. Es el hacer sin hacer, actitud contemplativa en la acción. No sumergirse en la acción, esperar a ver lo que ocurre.*

¿Qué quiere decir no-hacer? ¿Quiere decir que el ejecutivo guerrero debe esperar con los brazos cruzados? ¿Qué no debe tomar decisiones? Indudablemente, no. El «no-hacer» debe interpretarse como el no involucrarse emocionalmente en lo que se hace. No tomar las decisiones como si se tratara de un asunto personal. Eso es hacer sin hacer. Analizar los hechos, las consecuencias de las acciones de una forma contemplativa, fría, distante que permita corregir los acontecimientos sin que estos formen parte de uno mismo. No hay que sumergirse en la acción, en el fragor de la batalla, como si se tratase de algo muy personal. Primero hay que mantener la frialdad necesaria para ver lo que ocurre. Si se está negociando en una mesa con competidores o con posibles socios o compradores hay que lanzar la oferta de una forma distante, hay que saber observar lo que sucede, ver qué respuestas ocasiona, la reacción de los interlocutores. Eso es una actitud contemplativa en la acción.

Todo ello lleva al ejecutivo guerrero a la necesidad de educar y entrenar su mente, y dominarla como explican las máximas siguientes:

17. *El guerrero debe actuar con mucha atención y esforzarse diariamente en la meditación, la reflexión y la contemplación.*

18. *El guerrero debe cultivar una consciencia expandida, abierta, sin resistencias.*

19. *El guerrero sabe que el sufrimiento está en el pensamiento, por eso debe dominarlo.*

Todo ello sin olvidar el presente, el instante presente. En realidad la mente parece querer huir de ese instante, de ese acontecimiento real que es lo único que existe. El pasado es un recuerdo que no se puede modificar; de ese pasado sólo se puede extraer una experiencia que puede servir en el presente. El futuro es algo que se construye en el presente paso a paso. Por lo tanto, lo único que existe es el presente continuo. Sin embargo, la mente pretende nutrir ese presente con recuerdos del pasado e inventando historias imaginativas del futuro.

20. *El pensamiento se nutre del pasado y el futuro y se resiste al presente. El guerrero debe variar esa dinámica.*

Los recuerdos del pasado son inamovibles, los errores o aciertos cometidos ya no se pueden modificar, por lo que ese recuerdo se convierte en una experiencia del presente. Siempre se está viviendo un presente continuo. Para variar la dinámica que nutre el pensamiento de recuerdos del pasado e imágenes del futuro sólo cabe la posibilidad de vivir el presente intensamente, relacionándose con este tal y como es.

21. *El guerrero utilizará la meditación para tener una consciencia clara y relacionarse con las cosas como son.*

22. *Con la meditación eliminará las energías de los viejos impulsos.*

Meditando los acontecimientos del presente el ejecutivo guerrero crea el futuro, ya que presente y futuro están separados por una finísima franja invisible. El futuro es algo que construimos nosotros en cada instante del presente. Para eso hay que detenerse en el presente y experimentarlo, estar en él.

23. *La meditación permite al guerrero detenerse en sí mismo y experimentarse tal como es.*

24. *Con la meditación no se persigue ninguna meta, sólo ser y estar.*

25. *Con la meditación el guerrero se abrirá a su verdadera realidad.*

Pero ante todo hay que saber que el hecho de meditar o de reflexionar profundamente acerca de los acontecimientos significa no huir de la realidad. El ejecutivo guerrero debe explorar todos los acontecimientos, incluso aquellos que son dolorosos, debe reconocer los errores cometidos, aprender de ellos, verlos como una experiencia. Al potenciar la meditación y la reflexión para solucionar un problema el ejecutivo guerrero debe considerar sus fracasos, las circunstancias estúpidas, egoístas o prepotentes que le han llevado a ese problema, aunque sea doloroso para su ego. Nunca la meditación o la reflexión deben transformarse en un autoengaño, en un escape psicológico.

26. *El guerrero, con la meditación, explorará todo, incluso lo más doloroso. Nunca utilizará la meditación como una forma para escapar de su realidad, en el fondo sabe que no hay a dónde ir.*

Finalmente, meditar y reflexionar, concentrarse en uno mismo para buscar, para acceder al presente y solucionar los errores cometidos en el pasado o enfrentarse a los problemas del futuro, suponen un importante refugio interior, pero no un refugio que aísla de la realidad, sino un refugio que ofrece respuestas a los acontecimientos cotidianos.

27. *El guerrero, con la meditación, hallará un verdadero refugio en sí mismo.*

Capítulo 10

La formación del ejecutivo guerrero

Deseo ser instruido en el budismo;
¿en qué consiste? Es como si buscaras
un buey estando montado en él.
DIÁLOGO ENTRE TAI-AN Y PAI-TCHANG

Entrenamiento, formación o adquisición continua de conocimiento es la base del ejecutivo guerrero. Su formación continuada será lo único que le permitirá alcanzar éxitos, entrentarse con actualidad a los problemas más complicados, no quedarse relegado frente a las nuevas tecnologías, conocer las tendencias de los mercados y triunfar. Pero todo ello requerirá disciplina, interés, sacrificio, esfuerzo y un continuo ejercitarse.

Ya se ha explicado en el capítulo anterior que el ejecutivo guerrero precisa un conocimiento continuo, ya que de nada vale salir de la universidad cargado de títulos o masters que se colgarán en las paredes del despacho, si después no se vuelve a abrir un libro nunca más. El ejecutivo guerrero precisa estar informado. Ya hace años Robert Jungk alertaba a los jóvenes ejecutivos explicándoles:

> Si no os mantenéis informados como lo hacen los jóvenes gerentes y los ejecutivos de la industria, quedaréis reducidos, en definitiva, a no hacer otra cosa que tirar piedras, porque habéis quedado desfasados en el terreno de la información. Una información que ya no es estática, basada en una materia aislada, sino compleja, permanente, mucho más arraigada en el sector de las ciencias y de la tecnología. Una información crítica que tenga en cuenta las consecuencias sociales y humanas de lo que se hace en los laboratorios.

El ejecutivo guerrero tiene que tomar el ejemplo del samurái que debe entrenarse durante toda su vida. Las escuelas samurái destacan que al principio, incluso cuando se practica de forma regular, no se tiene la impresión de progresar. Uno se considera poco hábil y ve a los demás de la misma manera. Cuando se llega a un estadio medio, empieza a percibirse un pequeño adelanto, se toma conciencia de las propias deficiencias y se comienzan a notar las imperfecciones de los demás. Cuando un samurái alcanza un nivel superior es capaz de tomar por propia iniciativa las decisiones oportunas en la situación que sea, de modo que ya no tiene necesidad de consejos ajenos. Adquiere más confianza en sus posibilidades, se alegra de ser alabado y deplora las carencias de los demás. Más allá de este nivel se encuentran aquellos cuyo rostro jamás revela lo que piensan; nunca alardean de su habilidad, y detestan la ignorancia y la incompetencia. Respetan la habilidad de los demás. En el plano más alto se toma conciencia de que la preparación no tendrá límites y de que uno jamás podrá sentirse satisfecho con su trabajo.

Los ejecutivos japoneses en sus negociaciones con los occidentales se comportan como auténticos guerreros samurái: nunca revelan lo que están pensando, no hacen alarde de sus conocimientos, tienen gran confianza en ellos mismos y detestan la ignorancia y la incompetencia.

Para alcanzar estos aspectos es preciso una formación constante en un mundo que no facilita este camino. De ahí la primera premisa del guerrero.

1. *La formación del guerrero no es fácil, ya que tiene que enfrentarse al mundo, los que le rodean y a sí mismo.*

   Pese a que el entorno no es propicio en muchas ocasiones, ya que la sociedad no facilita el disponer del tiempo necesario para estudiar y para recabar información, el ejecutivo guerrero sabe que sin esos conocimientos nunca podrá alcanzar los objetivos deseados. El triunfo o el fracaso depende de adquirir esa información.

2. *El guerrero sabe que sin entrenamiento no hay resultados.*

3. *El guerrero sabe que para alcanzar su meta precisa de una gran disciplina y un largo y metódico entrenamiento.*

   Cualquier formación precisará de una gran disciplina, una gran disposición, un esfuerzo y una dedicación para poder recabar conocimientos. Todo ello debe realizarse de una forma metódica. De nada sirve dedicar un par de días y luego olvidarse durante algunas semanas. Trabajar de una forma metódica significa establecer un tiempo reservado exclusivamente para ese trabajo.

   En ocasiones el ejecutivo guerrero puede valerse de antiguas tradiciones para llevar adelante su entrenamiento, su nueva y continua formación. Así, ejecutivos japoneses que precisan formarse explican que lo hacen siempre a la misma hora, que antes de iniciar su hora de trabajo y estudio recurren a la realización de un ritual. Pero ¿qué entendemos por ritual en este ámbito? El buscar un lugar adecuado para estudiar, que comporte silencio y distanciamiento de los demás es el primer paso. Luego en ese lugar se puede encender una barra de incienso que proporcione una olor agradable, o dejar que una música de fondo suave armonice la estancia. En ocasiones tomar un té ceremonialmente antes de empezar se convierte en un detonante ritual que advierte a todo el organismo de que ha llegado la hora diaria de trabajar, de estudiar. En otras ocasiones una relajación o una meditación previa puede tener una acción importante. O, también, una combinación de todos estos métodos.

3. *El entrenamiento y la disciplina precisarán, en ocasiones, recurrir a ciertos rituales y ceremonias.*

En muchas ocasiones el ritual se configura en función a creencias religiosas, y se transforma en el culto a una imagen o en la necesidad de hacer ofrendas. Pero recordemos que no se trata de utilizar la creencia religiosa para solicitar favores especiales. A este respecto debemos ajustarnos a lo que decía Emerson: «Las oraciones que piden bienes materiales concretos son perversas [...] la plegaria como medio para un fin privado es maldad y robo. Presupone dualidad y no la unidad entre naturaleza y conciencia».

Demandar bienes materiales se convierte en una blasfemia cuando están destinados a un beneficio comercial. La demanda puede convertirse en algo grotesco y paradójico como la historia que contaba el académico Fernando Díaz-Plaja sobre dos hombres en la catedral de Sevilla:

> Un distinguido caballero rezaba en la catedral de Sevilla ante el Cristo solicitándole cinco millones que le faltaban para su industria. Junto a él, un desarrapado también pedía la gracia de quinientas pesetas.
>
> –Señor –decía el primero–, a ti nada te cuesta, hazme conseguir esos cinco millones.
>
> –Señor –urgía el otro–, me hacen falta esas quinientas pesetas, de lo contrario me desahucian.
>
> –Si no consigo el crédito, para mí será la bancarrota –insistía el primero.
>
> –Si no consigo el dinero, esta noche dormiré en la calle –imploraba el segundo.
>
> –Señor, cinco millones –seguía pidiendo el primero.

–Señor, quinientas pesetas –insistía el segundo.

Llegado a lo cual, el distinguido caballero sacó un billete de quinientas pesetas y se lo tendió al desarrapado diciendo:

–Tenga, y haga el favor de no distraérmelo.

Esta historia se beneficia de un final feliz para uno de los dos hombres que solicitaban un bien económico en su plegaria. Lo que no sabemos si el otro consiguió el crédito que solicitaba, ni si fue por su plegaría o porque iba a ser así.

El ejecutivo guerrero empleará el ritual para conseguir más fuerza y confianza en sí mismo. Igual que el antiguo guerrero samurái pronunciaba mantras, se concentraba en diagramas, recorría laberintos místicos esotéricos y realizaba rituales de purificación. En otras ocasiones se valía de símbolos para potenciar su fuerza y despertar su interior.

Todo ello no nos debe extrañar, especialmente si visitamos los despachos de los ejecutivos japoneses, cuya construcción está concebida siguiendo las normas más estrictas de Feng-Shui. En esos despachos se pueden ver figuras y símbolos, como el Yin Yang, que tienen una gran importancia y valor para esos guerreros-empresarios. No nos debe extrañar que antes de una reunión comercial o financiera de vital importancia el ejecutivo japonés encienda respetuosamente su incienso en un rincón privado de su despacho y se concentre ante la imagen de un ideograma como el Yin Yang.

4. *El guerrero también sabe que precisa de una actitud adecuada y una gran intención.*

La actitud adecuada y la intención se manifiestan en plena compenetración con el ritual. El mero hecho de iniciarse con un ritual muestra la intención y la actitud.

Pero se debe recordar que no sólo es importante adquirir un gran conocimiento exterior, sino que también es necesario un adiestramiento interior.

5. *El guerrero sabe que debe adiestrar su mente y ejercitarla a diario a través de la meditación, la autoobservación y la atención.*

   El trabajo meditativo, como se ha explicado en el capítulo cuarto, ayuda a desarrollar la mente. Pero también es necesaria una continua autoobservación y atención. Observar las propias reacciones ayudará a la formación del ejecutivo guerrero, quien podrá realizar muchas preguntas a su actitud de conocimiento: «¿Realizo esta formación con una actitud positiva...?», «¿Tengo interés en tener nuevos conocimientos?», «¿La necesidad de estudiar es para mí una acción tediosa y aburrida?». Algunas de las respuestas a estas preguntas pueden ayudar a conocer más abiertamente el espíritu del ejecutivo guerrero de cara a la formación y los conocimientos que está adquiriendo.

6. *El guerrero sabe que el entrenamiento y la disciplina requieren un inmenso sacrificio, superior a cualquier otro que le pueda surgir en la vida profana.*

   En numerosas ocasiones surgirán invitaciones para disfrutar de la vida profana robando ese tiempo a la formación y al conocimiento. El ejecutivo guerrero verá cómo sus compañeros terminan su horario laboral y se reúnen en el club o en el bar para tomar unas copas y hablar de hechos intranscendentes, o para ver en televisión cualquier evento deportivo. En esos momentos tendrá que valerse de su voluntad, de su intención, de su espíritu de sacrificio, para olvidar esas tentaciones de la vida profana y encerrarse en su continua formación.

7. *Cuanto más duro sea el esfuerzo en el entrenamiento y la disciplina, más intenso será el resultado y más posibilidades habrá de alcanzar la vía (el triunfo).*

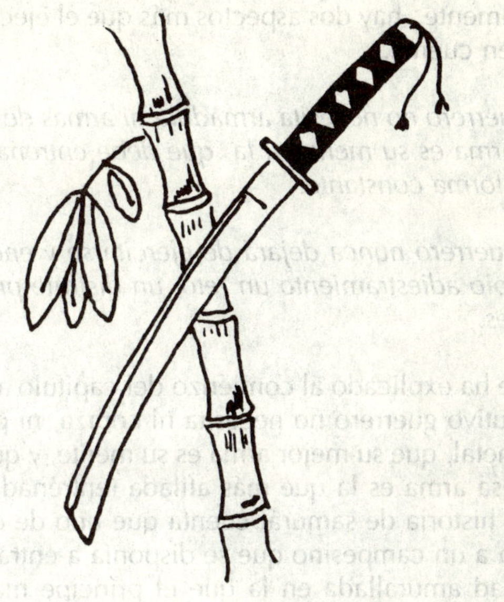

Nada se consigue sin esfuerzo, sin una continua aplicación y disciplina. La vía del ejecutivo guerrero es como la formación de un yudoca que sabe que cada día debe entrenar, que cada día debe repetir cien veces el mismo movimiento. Cuanto más intenso sea el esfuerzo más posibilidades tendrá de conseguir el siguiente cinturón.

Las dificultades que surjan en la formación nunca deben tomarse como contratiempos. Si por motivos laborales los horarios cambian el ejecutivo guerrero deberá buscar la fórmula para adaptar su formación a esos nuevos horarios. Muchas dificultades pueden aparecer en el camino, pero todas deberán ser siempre consideradas y superadas con energía como una prueba más en el duro camino del ejecutivo guerrero.

8. *Las dificultades que se interponen a la práctica del entrenamiento y de la disciplina son para el guerrero una prueba más que debe superar.*

Finalmente, hay dos aspectos más que el ejecutivo debe tener en cuenta.

9. *El guerrero no necesita armadura ni armas de metal, su mejor arma es su mente, a la que debe entrenar cada día de una forma constante.*

10. *El guerrero nunca dejará de ejercitarse y encontrará en el propio adiestramiento un reto, un disfrute profundo sin límites.*

Ya se ha explicado al comienzo del capítulo anterior que el ejecutivo guerrero no necesita ni coraza, ni peto, ni armas de metal, que su mejor arma es su mente, y que, por lo tanto, esa arma es la que más afilada (entrenada) debe tener. Una historia de samurái cuenta que uno de ellos acompañaba a un campesino que se disponía a entrar en una gran ciudad amurallada en la que el príncipe mandarín había prohibido la entrada de hombres armados. El samurái tuvo que dejar su catana en la entrada de la ciudad, pese a ello su rostro no mostraba ningún indicio de disgusto. El campesino le preguntó:

> «A mí me han dejado entrar con mi pequeño carro cargado de alimentos, pero a ti te han quitado tu catana, por lo que, como samurái, ahora estás desarmado», el samurái sonrió y, señalándose con el dedo la cabeza, le contestó: «no me han desarmado de mi mejor arma, mi mente».

Esta máxima evoca la importancia que tiene para el guerrero el ejercitarse, y cómo una formación continuada con sus sacrificios y esfuerzos, puede convertirse en un reto, en un disfrute profundo que no tendrá límites, ya que sus propios límites están en el conocimiento y el conocimiento carece de fronteras.

Capítulo 11

La enseñanza y sus maestros

No conozco fórmulas que aseguren la victoria. Lo único que sé es que es necesario agarrarse a todas las posibilidades y no dejar escapar la menor ocasión.

KENSHIM UESUGI

El maestro Jocho utilizaba esta máxima: «Ahora es la hora, y la hora es ahora». Con ello destacaba el hecho de que tenemos tendencia a pensar que la vida diaria difiere de lo que es un momento crítico. Por eso, cuando llega el momento de actuar, jamás nos encontramos dispuestos. «La hora es ahora», significa prepararse constantemente para reaccionar ante un acontecimiento imprevisto.

En ocasiones el ejecutivo puede caer en la prepotencia y la arrogancia, creer que ya no necesita aprender nada más y que no precisa los consejos de otras personas. Este es un grave error que ha llevado al fracaso a muchos aspirantes a ejecutivo guerrero. Los consejos de un maestro o de un guía pueden ser vitales. En ocasiones este guía no será un gran experto en finanzas que aconsejará dónde invertir, pero sí un hombre sabio que sabrá aconsejar en los momentos de duda mostrando los diferentes caminos que se pueden tomar ante las crisis, los cambios o cualquier otro problema.

1. *Ayuda al guerrero a despertar y le pone sobre aviso de los escollos que puede encontrar en la búsqueda.*

2. *El maestro refuerza con perseverancia y dureza el esfuerzo que debe realizar el guerrero, que es su discípulo.*

   Son muchos los ejecutivos guerreros que en su intimidad recurren a los consejos de personas más ancianas y expertas en la lucha que ellos. A veces son viejos guerreros que ya han pasado por muchos avatares, en otras ocasiones antiguos profesores con los que se consolidó una relación muy profunda. En cualquier caso estos maestros o guías les ponen sobre aviso de los escollos que se pueden encontrar al emprender un nuevo proyecto. Es muy posible que lo hagan con dureza, que su enseñanza se convierta en una crítica a comportamientos o actitudes erróneas que el ejecutivo guerrero ha tomado, pero siempre deben considerarse como una sincera manifestación de enseñanza. En el Dhammapada se destaca: «Si vieses a un hombre que te muestra tus faltas y te reprende como si te mostrase un tesoro, no lo abandones, pues es un bien y no un mal para aquel que sigue a tal hombre».

3. *El maestro posee unos conocimientos que todavía no ha logrado el guerrero, o realiza una práctica intensiva que el guerrero aún no ha conseguido.*

   Es evidente que el maestro siempre será una persona que está en poder de unos conocimientos superiores al ejecutivo guerrero. Ha acumulado más información, ha conseguido, a través del esfuerzo y la tenacidad, un mayor conocimiento. Sobre los verdaderos maestros se decía que estaban adscritos a una «tradición». Hoy podemos entender este concepto, bajo el prisma comercial, considerando que estos maestros, estos consejeros, tienen excelentes contactos y relaciones que les permiten tener acceso a informaciones más fluidas y más actualizadas. Ello les permite tener una visión más clara de los acontecimientos, saber si es el momento idóneo par realizar inversiones o si hay que esperar a que se calmen las aguas.

4. *El maestro puede ayudar, pero sin fomentar su dependencia.*

   Es importante que la ayuda del maestro no se convierta en una dependencia, el ejecutivo guerrero puede recabar la ayuda del maestro, pero sin apegarse, y convertir esa ayuda en un flujo continuo y necesario. El verdadero maestro sabe que no puede crear una dependencia en el discípulo.

5. *El maestro debe proporcionar los medios para que el guerrero desarrolle su propia maestría. Para ello le facilitará la enseñanza de técnicas que permitan su evolución.*

   No todos los maestros o guías son iguales, tampoco todos los discípulos son iguales. Cada ejecutivo guerrero tiene el maestro que se merece y cada maestro tiene, también, el discípulo que se merece. Todo es cuestión de confianza entre ambas personas, y especialmente de sinceridad. Nunca un maestro podrá ofrecer un buen consejo si el discípulo no es verdaderamente sincero con él. Al no explicar con sinceridad los motivos de su consulta se encontrará con que la respuesta será medianamente acertada, ya que al maestro le faltarán verdaderos datos para dar una respuesta concreta. Un profesor de economía mencionaba en cierta ocasión que algunos ex alumnos le consultaban sobre la conveniencia de invertir en determinados valores. Su respuesta dependía de diferentes parámetros, y en ocasiones atendía a la idiosincrasia del alumno. Este profesor destacaba: «Si le aconsejo a Pedro invertir en unos valores determinados se que lo hará con prudencia, y que sabrá moderar su inversión. Pero, por ejemplo, si le doy el mismo consejo a Juan, por su carácter y comportamiento, sé que se lanzará arriesgándolo todo. En cualquier caso, pese a que los valores puedan ser buenos, siempre existe un riesgo. Por lo tanto mi consejo no puede ser el mismo para uno que para otro».

6. *El maestro enseñará al guerrero el camino que tiene que recorrer por sí mismo.*

7. *El maestro no pretende dominar. Sólo trata de que el guerrero aprenda, como aprendió él. El maestro enseña al guerrero el modo de utilizar sus propios recursos.*

Finalmente, estas dos últimas máximas revelan que un buen maestro no se convierte en algo de lo que el discípulo va estar siempre dependiendo. Un verdadero maestro transmitirá la correcta forma de pensar, la manera de valerse por uno mismo, el modo de utilizar los propios recursos.

Capítulo 12

La vida privada en la vía del ejecutivo guerrero

Debéis ser auténticos en todo. Nada que sea auténtico en el mundo deja de ser auténtico en el budismo, y nada que no sea auténtico en el budismo es auténtico en el mundo.
MAESTRO ZEN TENKEI

El ejecutivo guerrero tiene una vida en sociedad y esa vida no debe diferir mucho en valores de los que aplica en su vida laboral. El ejecutivo guerrero es siempre un luchador, su comportamiento es el mismo en la empresa que fuera de ella, en ambos casos se ajustará a unas normas de conducta, a un código de conducta como el que propusimos en el capítulo octavo.

1. *En tanto que el guerrero es su propio maestro, creará sus propias pautas de conducta y sus normas.*

   La vida profana ofrece muchos caminos y oportunidades diferentes, sin embargo, el ejecutivo guerrero tiene que saber elegir entre todos esos senderos y adaptarse a aquellos que sean más beneficiosos para su crecimiento y formación, es decir, para seguir desarrollando su espíritu guerrero.

2. *El guerrero elegirá la vida personal que crea más conveniente para su propia evolución.*

   Si desea compartir sus momentos de ocio con otras personas deberá elegir aquellas que tengan un espíritu parecido al suyo, personas con las que su crecimiento y formación se favorezca, es decir, otros ejecutivos que le aporten aspectos de interés en su vida, conversaciones afines y temas que formen parte de su ambiente cotidiano. Debe alternar en aquellos lugares y con aquella gente que comparten un nivel de formación semejantes o superior al suyo. Al buscar la compañía de quienes comparten su identidad más íntima y personal el ejecutivo guerrero comienza a encontrarse a sí mismo como persona. Cuando la compañía no es la adecuada todo se convierte en tedioso y aburrido. Buda afirma en el Dhammapada: «Aquel que anda en compañía de insensatos sufre un largo trecho; la compañía de insensatos, como la de enemigos, es siempre dolorosa. La compañía de un sabio provoca una felicidad similar al encuentro con familiares».

3. *El guerrero puede formar comunidades con otros guerreros para favorecerse mutuamente y ayudarse a despertar.*

   El objetivo del guerrero en su vida privada debe estar, ante todo, dirigido a conciliar su trabajo diario con sus actividades de ocio. Nunca debe existir una gran dicotomía entre ambas, ya que, de ser así, conllevaría una ruptura con su personalidad. Entre ambas vidas debe existir siempre un lazo de afinidad. Nuevamente en el Dhammapada leemos: «El insensato se abandona a la pereza, come con exceso y, a causa de ello, vive entorpecido, adormilado y anda de acá para allá; es como el puerco de engorde que se alimenta de desperdicios, y para él ha de esperarse la renovada existencia».

4. *El guerrero debe dedicarse siempre a la búsqueda, o a conciliar sus actividades cotidianas con su espíritu luchador.*

   La sociedad actual es, en muchas ocasiones, un terrible engranaje lleno de falsos valores y actividades que embrutecen el espíritu del luchador. Los maestros ponían especial celo en advertir a los samuráis del peligro de la sociedad que les rodeaba, de esos falsos momentos de ocio compartido en las tabernas con amigos bebedores, de esos falsos espectáculos, de esa gente que transita por la vida ajena al espíritu de lucha. «No seáis como esos rebaños de ovejas que caminan ciegamente hacia el precipicio», les advertían. El samurái debe tener sus propias normas, ser un luchador revolucionario.

5. *El guerrero no comparte el espíritu de la actual civilización, sabe que es una sociedad dormida y llena de falsos valores y condicionamientos. El guerrero es siempre un temible revolucionario.*

El ejecutivo guerrero debe tener una justa medida del tiempo, saber que cada minuto es un tesoro precioso que no puede desperdiciar. Cada segundo de la vida debe enriquecer la sabiduría del ejecutivo guerrero. En *La senda de la enseñanza de Buda* leemos: «El hombre de cortos alcances envejece como el buey: aumenta de peso, pero no acrece su saber».

6. *El guerrero sabe que la vida es corta para perder el tiempo en luchas inútiles, en batallas innecesarias, en esfuerzos para alcanzar falsos valores. Por eso no pierde el tiempo en hechos que no sirvan para realizarse, no desaprovecha ninguna oportunidad para trabajar en él.*

7. *El guerrero no se entretiene en conceptos, abstracciones, subterfugios, sólo se enfrenta con la realidad.*

¿Qué forma de vida privada debe elegir el ejecutivo guerrero? Indudablemente aquella que no interfiera en su trabajo, en su crecimiento y formación. Por lo tanto, debe ser una vida sin ataduras, sin compromisos, sin convicciones sociales que le obliguen a seguir caminos determinados que puedan alejarse de su espíritu de lucha. Cualquier atadura social puede significar una pérdida de libertad que el ejecutivo guerrero no se puede permitir.

8. *El guerrero elegirá una forma de vida abierta, sin comprometerse con nada ni con nadie, sin seguir caminos ortodoxos llenos de reglas y normas.*

Todo ello no significa que el ejecutivo guerrero tenga que convertirse en un juez capaz de aprobar o desaprobar ciertas formas de vida ajenas. En realidad, como dice el Dhammapada: «Uno no debe advertir las faltas de los demás, ni tampoco juzgar sus actos o neglicencias, sino ser consciente de los propios actos, faltas o neglicencias».

9. *El guerrero no aprueba ni desaprueba, trata de comprender los hechos más allá de las apariencias.*

Al ser consciente de los propios actos, el ejecutivo guerrero crea su propia escala de valores, en la que muchos conceptos dejan de tener importancia. De esta manera, el amor propio o el orgullo dejan de ser tan importantes, ya que sólo cuando se obra impulsado por estos sentimientos que, en la mayor parte de las ocasiones, son ajenos a la lógica y a la razón, se ve gravemente afectado el buen sentido de la acción del ejecutivo guerrero.

10. *El guerrero no valora conceptos como el amor propio o el orgullo.*

El ejecutivo guerrero tampoco es un proselitista que trata de convencer a los demás sobre la autenticidad de sus valores. Puede ocurrir que los otros no estén preparados para comprender y asimilar la enseñanza que se les pretende transmitir. No tiene propósito alguno martillar el hierro frío.

11. *El guerrero no necesita convencer, ni persuadir, ni influenciar a nadie, sólo los que están preparados sabrán seguir su camino.*

El ejecutivo guerrero debe tener suficiente fuerza de voluntad para romper con aquellas relaciones que no son positivas, que no le aportan nada y que sólo significan una pérdida de tiempo en su vida. La relación con otras personas debe aportar un continuo enriquecimiento de los conocimientos, tanto en un sentido como en otro. El verdadero enriquecimiento se produce cuando la transmisión de conocimientos es recíproca.

12. *Cuando una relación no es positiva para el crecimiento interior, el guerrero la suprime.*

13. *El guerrero sabe que toda relación que le aleja del progreso interior no es conveniente para él.*

Capítulo 13

La acción

Si quieres alcanzar la maestría de todas las verdades y ser independiente de todos los acontecimientos, no hay nada mejor que la concentración en la actividad.
MAESTRO ZEN MAN-AN

En el *Hagakure, El libro secreto de los samuráis,* se puede leer que el samurái está tomando decisiones constantemente, y el conjunto de todas ellas conforma su vida. Una vez que ha comprendido esta regla fundamental, no manifiesta impaciencia por buscar otra cosa que no sea el momento presente [...] Pocas son las personas que se dan cuenta plenamente de este principio. Aprender a adecuarse a las decisiones sin desviarse es algo que no puede realizarse antes de cumplir determinada edad.

Para el ejecutivo guerrero la acción le mantiene en un eterno presente que ocupa su vida por completo. El momento presente es el único que existe, y con él las decisiones que se materializan en la acción. El ejecutivo guerrero está siempre tomando decisiones y sabe que todas son importantes por insignificantes que parezcan. Una decisión equivocada puede arrastrar una cadena de errores. El más mínimo fallo es la perdida de una batalla comercial. Es como la historia del general que por culpa de un clavo perdió la batalla. El clavo mal colocado hizo que su caballo perdiera una herradura y cojeara, esto impidió que el general estuviera puntualmente en los lugares adecuados para dar las órdenes oportunas. La batalla se perdió por falta de esas órdenes, y en consecuencia se pudo perder una guerra y el futuro de una nación.

El ejecutivo guerrero debe estar preparado para tomar siempre la decisión adecuada, no puede permitirse fallos. Por lo tanto, debe tener confianza en su formación, en su aprendizaje, un factor esencial tal y como se ha señalado en el capítulo décimo.

1. *El guerrero debe responder siempre con la acción adecuada. Por lo tanto debe adiestrarse para ello.*

   El ejecutivo guerrero tiene que ser consciente de sus actos, que deben estar integrados en la realidad y en el presente. No debe dejarse llevar por la fantasía y las especulaciones. Su realidad es el «aquí y ahora», y por lo tanto, dentro de ese dominio, debe decidir. Cualquier otra actitud fantasiosa es un autoengaño. Los acontecimientos que sucedan serán consecuencia de sus actos. El ejecutivo guerrero no debe engañarse creyendo que las cosas ocurren al margen de sus acciones.

2. *El guerrero es consecuencia de sus actos, y en este aspecto no debe nunca autoengañarse.*

   La acción debe ser externa e interna, y esto quiere decir que hay que recapacitar sobre ésta. Las decisiones no pueden tomarse de una forma aleatoria, deben ser fruto de la atención y el análisis. Para ello el ejecutivo guerrero debe mostrar interés en todas sus acciones, ser consciente de estas y estudiarlas detenidamente, pero ello no debe significar obsesión ni apasionamiento, sino análisis, creatividad y racionalidad.

3. *El guerrero debe realizar sus acciones con interés, con atención, pero sin apasionamiento.*

   Las acciones nunca deben ser tomadas en función de los éxitos que se pretenden obtener. Toda acción está dirigida al triunfo, y el triunfo debe convertirse en un resultado cotidiano, normal y habitual. El ejecutivo guerrero no emprenderá sus acciones en función de los méritos que pueda obtener a través de ellas, ya que, a veces, el objetivo puede comportar la toma de decisiones arriesgadas que pongan en peligro los programas, proyectos o la propia empresa.

4. *El guerrero no buscará resultados que le galardonen. Su acción debe estar libre de pensamientos de victoria o derrota.*

   Toda acción es importante, toda decisión es determinante. El ejecutivo guerrero no puede plantearse que hay pequeñas decisiones y grandes decisiones, todas deben tomarse con el mismo interés y con la misma mente adecuada. Puede ocurrir que una decisión insignificante provoque consecuencias importantes. Por otra parte, en el espíritu del ejecutivo guerrero cualquier decisión o acción es un paso en su propia realización.

5. *Para el guerrero toda acción, por insignificante que sea, es importante. No hay pequeñas o grandes acciones, sólo hay acciones que sirven para realizarse.*

   Pueden existir acciones equivocadas y también pueden existir malas acciones. El ejecutivo guerrero puede cometer un error al tomar una decisión que desemboque en una acción equivocada. Ya se ha explicado que este hecho no debe interpretarse como algo catastrófico, sino como una experiencia de la que hay que aprender. Pero también se puede cometer una mala acción. Así, en un momento determinado, se pueden proferir palabras ofensivas hacia otra persona o realizar cualquier acto que perjudique a terceros. Un samurái preguntaba a su maestro cómo podía saber que había cometido una mala acción, el maestro le respondía: «No es buena la acción cuando uno se arrepiente de haberla cometido, y recoge el fruto con lágrimas y lamentaciones. La acción es buena cuando uno no siente arrepentimiento, y recoge el fruto alegre y placenteramente. El fruto de una mala acción se asemeja a la leche recién ordeñada que no se vuelve agria enseguida; siempre latente, sigue al insensato cual un rescoldo».

En ocasiones las decisiones deben tomarse en momentos críticos, ante situaciones inesperadas que precisan una acción inmediata.

En el *Hagakure* se constata la existencia de lo que se denomina «actitud ante la tormenta». Cuando a uno le alcanza un inesperado chaparrón, se pueden hacer dos cosas: o bien se echa a correr lo más rápido posible, o se pone uno a resguardo bajo los aleros de las casas que bordean el camino. De todas formas, siempre se terminará mojado. Pero si uno se prepara mentalmente, y con anticipación, a la idea de quedar mojado, no se sentirá muy contrariado por la llegada de la lluvia.

¿Qué lección da este mensaje de *El Libro secreto de los samuráis?* El ejecutivo guerrero tiene que estar preparado para los malos momentos, para las circunstancias difíciles. Si dentro de sus planes toma en consideración los efectos negativos o la aparición de sinergismo que pueden perjudicarle, los efectos no serán tan dolorosos, ya que mentalmente estará preparado para ellos. El triunfo y el fracaso deben considerarse conjuntamente, deben valorarse ambas posibilidades, y el segundo no debe tomarse como una derrota total, sino, como ya se ha explicado, un aprendizaje, una enseñanza, una experiencia que en ocasiones hay que atravesar.

6. *Para el guerrero toda acción recibida con una mente adecuada aporta un aprendizaje, una experiencia en su formación.*

Capítulo 14

Descubriendo y aprovechando las energías

...el Yin y el Yang son las fuentes de la energía y el origen de todas las cosas en la creación. El Yang asciende al Cielo; el Yin desciende a la Tierra. Por lo tanto, el universo representa el movimiento y el reposo, controlados por la sabiduría de la naturaleza. La naturaleza ofrece la energía para engendrar y crear, para cosechar y almacenar, para terminar y comenzar de nuevo.

NEI CHING

En el capítulo quinto hemos hablado de la importancia que tiene la energía, de sus efectos, de cómo se adquiere y cómo se disipa. En este capítulo, siguiendo las líneas esenciales del ejecutivo guerrero basadas en el arte tradicional de los legendarios guerreros samurái, analizaremos la relación que estos luchadores mantenían con la energía.

Ante todo recordemos que la existencia de energía no es un concepto paracientífico. Desde la física cuántica hasta la medicina energética admiten una profunda interrelación entre el ser humano y la energía que fluye y nos rodea, con la energía interior que nos da vida y la energía que se recibe de otros seres, a veces de forma positiva y otras veces con componentes negativos.

En la vida el ejecutivo guerrero, como todo ser humano, habrá momentos en los que se sentirá más eufórico y repleto de energía. También existirán instantes en los que notará un descenso de su capacidad energética, una caída de su fuerza, una serie de sensaciones que se traducen en moral alicaída, falta de empuje y fuerza para llevar adelante los proyectos, agotamiento psíquico y angustia. El ejecutivo guerrero tiene que ser consciente de esos momentos y saber que entrañan una pérdida de energía.

1. *El guerrero descubrirá sus debilidades y pérdidas energéticas para superarlas.*

   En los casos de pérdida energética el ejecutivo guerrero deberá descubrir la existencia de esa perdida, e inmediatamente, buscar las causas que han producido el debilitamiento de su energía. Una vez localizadas las causas debe superar ese momento crítico. Las causas pueden ser debidas a muchos motivos: personales, profesionales, falta de confianza, emocionales, etc. Cada caso debe ser superado con el espíritu del guerrero, ya que la energía, igual que la alimentación, se convierte en algo esencial para el ejecutivo guerrero.

2. *El guerrero sabe que necesita todas sus reservas de energía para poder evolucionar y alcanzar su gran cambio interior.*

   La energía es aquella fuerza que hace que el ejecutivo guerrero alcance los objetivos que se ha marcado en su vida. Es la fuerza que le ayuda a transformar los proyectos en ideas palpables que pone en marcha, supervisa y lleva a buen término. Por esta razón debe impedir que su energía se pierda en asuntos que nada tienen que ver con sus objetivos profesionales. La energía no se puede disipar en problemas ajenos a la vida del ejecutivo guerrero. Así no debe malgastar su tiempo en aspectos que estén al margen de sus objetivos, ya que con ellos también reduce energías que le son necesarias en otros aspectos de su vida. El ejecutivo guerrero debe, ante todo, tratar de evitar malgastar sus energías en cualquier otro problema que no esté encaminado a la consecución de sus proyectos empresariales.

3. *El guerrero no malgastará sus energías en asuntos profanos. No puede permitirse el lujo de que sus recursos internos se agoten.*

4. *El guerrero frenará la tendencia mental condicionada a crear fugas de energía.*

Pero no sólo se debe cuidar no malgastar energía en asuntos profanos, sino que se debe saber extraer energía de todas las fuentes posibles y hacer acopio de ella para emplearla en los objetivos que se ha marcado. Esto no quiere decir que el ejecutivo guerrero se convierta en un «vampiro» que chupa la energía de todos los seres que le rodean, sino que debe utilizar los medios necesarios para conservar y potenciar su energía tal y como se ha explicado en el capítulo quinto.

En cualquier caso, el ejecutivo guerrero deberá estudiarse a sí mismo con el fin de ver cómo fluye su energía y cuáles pueden ser las causas de su incremento o de su pérdida. Este es un proceso que sólo puede realizar él mismo, nadie le puede ayudar, ya que forma parte de un estudio interior de sí mismo que le permitirá potenciar su energía en los momentos en que su ánimo decaiga. Para ello debe conocerse a sí mismo. Ser partícipe de aquella máxima que Quilón de Esparta, uno de los siete sabios de Grecia, escribió en el frontal del templo de Delfos: «Conócete a ti mismo». Una máxima muy repetida en el entrenamiento de los samuráis y que resulta imprescindible para que el ejecutivo guerrero pueda triunfar.

Ya se ha dicho que a veces el ejecutivo guerrero puede verse involucrado en energías negativas. Estas energías también pueden ser fuertes, ya que se originan como consecuencia de actos negativos. Así, acciones violentas, pensamientos llenos de odio o rencor, manifestaciones de ira o cualquier otro aspecto de este tipo, llevan como consecuencia la presencia de energía negativas. El ejecutivo guerrero debe saber transformar estas energías negativas en positivas y para ello luchará interiormente para realizar la transformación necesaria.

5. *El guerrero realizará una guerra interna para transformar sus energías, las negativas en positivas.*

¿Cómo transformar esas energías negativas en positivas? Lo primero que debe saber el ejecutivo guerrero es que determinados estados como el miedo, la ansiedad o la angustia, producen una energía negativa, si se combaten estos estados y se superan quiere decir que la energía negativa se ha convertido en positiva, se ha transformado.

6. *El guerrero se servirá de sus estados anímicos negativos –miedo, amargura, angustia, ansiedad–, para tomar la energía negativa que tienen y transformarla en positiva, para alcanzar estados de valor, alegría y bienestar.*

7. *Los estados negativos son un reto para el guerrero, ya que tendrá que luchar contra ellos para transformar sus energías en positivas.*

Finalmente, se puede decir que existen lugares que son más propicios para potenciar las energías que otros. Es indudable que hay lugares que deprimen, que producen estados de ánimo completamente abatidos; lugares de los que se sale con amargura, con angustia y depresión. También hay lugares en los que uno siente reforzado todo su espíritu energético, se siente fresco y con la impresión de que una energía renovadora recorre su cuerpo. Hay lugares en los que hay cargas eléctricas, debidas a cables subterráneos o emisiones que no se ven, que perjudican y chupan la energía del ser humano. Otros cuya construcción arquitectónica favorece la potenciación de energía. Existen ingenieros electrónicos que se han especializado en medir los campos energéticos de oficinas o determinados lugares. Estos especialistas advierten sobre las radiaciones negativas que reciben las personas y que, sin duda, se convierten en energías negativas que alteran la personalidad, los nervios, producen ansiedad o estados agresivos.

Al margen de estos efectos reales el ejecutivo guerrero debe buscar aquellos lugares que le produzcan una potenciación de sus energías. En ocasiones un espacio tranquilo de su propio hogar, con una vista amplia a través de unos ventanales y una música determinada servirá para potenciar esa energía. Habrá quien encontrará ese efecto paseando por un bosque o montando a caballo entre tupidos y enormes árboles; habrá quien sentirá toda la fuerza energética frente al mar observando el vaivén de las olas en un embate continuo. Hay quién encuentra ese estado de carga energética paseando por el claustro silencioso de un monasterio, una catedral o una ermita. Los ejecutivos japoneses recurren a pequeños santuarios religiosos zen, taoístas o sintoístas para alcanzar estados relajados de los que extraen una importante revitalización energética. En ocasiones un jardín zen es capaz de transmitir ese estado a través de la mera contemplación de un espacio abierto, con dos rocas estáticas rodeadas de arena y un ambiente de silencio.

Se trata de huir de aquellos lugares en los que la energía se consume innecesariamente. Un desplazamiento en coche por las calles saturadas de las grandes ciudades, moverse entre multitudes de gente en grandes almacenes, penetrar en ambientes donde el sonido es estridente, se convierten en acciones que desgastan energía. Estos lugares favorecen estados nerviosos, angustias, roces innecesarios, fatiga cerebral y ansiedad; elementos que consumen energías positivas, que desequilibran y sólo crean negatividad.

Los guerreros samuráis recurrían a lugares que consideraban sagrados antes de iniciar sus combates. En esos lugares realizaban ritos en los que solicitaban la fuerza de las energías. Por si solos, estos pequeños templos sagrados, ya contenían los elementos necesarios para crear ambientes cargados de energía. Eran lugares aislados que se encontraban rodeados de jardines. Su estética estaba enmarcada por la sencillez y la belleza. Sin adornos innecesarios y con aromas adecuados, estos pequeños templos ofrecían a los guerreros un lugar donde contactar con sus energías y poder potenciarlas.

8. *El guerrero buscará los lugares cargados de energía, que podrá hallar por doquier, en ellos percibirá una conexión especial.*

9. *El guerrero buscará los lugares que potencien su energía, su fuerza. Será en estos lugares donde practicará algún tipo de ritual o introspección que le prepare para cargarse de esa energía.*

10. *El guerrero sabe que hay lugares especiales cargados de energía, donde esta deja sentir su fuerza.*

Capítulo 15
La soledad del ejecutivo

Completamente encerrado en la lluvia de primavera, estoy solo en la cabaña solitaria, desconocido para la humanidad.
SAIGYO, POETA Y FILÓSOFO JAPONÉS

Un gran número de ejecutivos que han alcanzado importantes cargos en lo alto de los organigramas de las empresas admiten sentirse más solos que cuando ejercían cargos intermedios. Muchos políticos han sufrido el mal de la soledad al acceder a la presidencia de su país o al frente de cargos internacionales. El poder está acompañado, en muchos casos, de soledad. Se trata de una soledad causada por la responsabilidad del cargo, por la incomprensión de los demás ante las decisiones que se toman, por el miedo y la desconfianza que generan los que rodean a esos cargos que, en muchas ocasiones, sólo quieren ocupar su lugar. Esa situación llega a producir cierta neurosis, estados de desconfianza, síndromes de persecución, incluso estados de cierta paranoia. Recordemos el tan divulgado caso del presidente Nixon, llevado a la pantalla cinematográfica, tratado en tantos libros y reportajes. El hombre con más poder del mundo sucumbiendo en estados de divagación y delirios de persecución a causa de su desconfianza e inseguridad.

No hay ningún ejecutivo guerrero que no sienta momentos de soledad, estados en los cuales el miedo trata de apoderarse de él.

1. *Al mismo tiempo que el guerrero avanza en su camino, hallará momentos de gran soledad. En ocasiones esa soledad está acompañada de miedo y otras angustias que pueden llevarle a ciertos estados de locura.*

   ¿Cómo reaccionar ante esos momentos de soledad? ¿Qué actitud debe tomar el ejecutivo guerrero cuando la soledad de su cargo le embarga? Los momentos de soledad se tienen que convertir en una prueba más, en un nuevo desafío para el ejecutivo guerrero. En ocasiones esos momentos de soledad se producen cuando debe tomar decisiones importantes que sólo le atañen a él. Son momentos en los que debe poner en práctica todas las técnicas que ha aprendido para mantenerse firme, para resistir, para seguir adelante con seguridad.

2. *El guerrero debe combatir esos momentos utilizando todas las técnicas que ha aprendido a través de sus maestros. Debe valerse de mantras, mandalas o rituales.*

   Los momentos en los que el ejecutivo guerrero se encuentre solo, son momentos óptimos para crecer y adquirir sentido de la responsabilidad. Son momentos para cargarse de la energía necesaria que debe permitirle llevar a cabo sus determinaciones. Puede retirarse a meditar a un lugar tranquilo como hemos explicado en el capítulo anterior. Puede sentarse en un lugar sereno para reflexionar, puede practicar un ritual, al igual que lo hacen muchos ejecutivos japoneses antes de enfrentarse a una reunión en la que van a tomar decisiones importantes que sólo ellos pueden tomar.

3. *El guerrero puede retirarse a un lugar especial para, con la ayuda de la meditación, serenar su mente y renovar su espíritu de lucha. Para ello buscará los lugares cargados de energía.*

La soledad es uno de los inconvenientes que todo ejecutivo guerrero encontrará al alcanzar ciertos cargos de alta responsabilidad. Es uno de los reveses que hallará en su camino, uno de los peajes que deberá pagar. Al igual que el miedo al fracaso o el miedo al triunfo, dos aspectos que ya veremos en el capítulo siguiente. Pero estos inconvenientes, este precio que hay que pagar por ser un ejecutivo guerrero que alcanza un puesto importante en el *staff* de su empresa, no se tienen que convertir en algo que frene sus objetivos. Nada debe interponerse en su empeño, ya que ha centrado su ilusión en transformarse en un verdadero ejecutivo guerrero. Si hiciese marcha atrás todo su mundo se derrumbaría, todas sus ilusiones desaparecerían y el sufrimiento sería superior a la soledad que conlleva estar en los más altos cargos directivos. Una máxima zen destaca claramente: «Quién se detiene se equivoca».

4. *Pese al inconveniente de la soledad el guerrero no cejará en su empeño, ya que sabe que la aventura que ha emprendido no tiene marcha atrás. Y que si se detiene sufrirá aún más.*

La soledad del Ejecutivo no debe interpretarse como un aislamiento del mundo, sino como una oportunidad para estar con uno mismo. Se trata de una ocasión única para enfrentarse con el presente y con las reflexiones interiores más profundas. La soledad ofrece la posibilidad de aprender de uno mismo y de los demás de una forma profunda y sin interferencias externas.

5. *La soledad es para el guerrero un matraz alquímico donde se preparan reflexiones y decisiones de gran importancia.*

6. *El guerrero necesita aprender a vivir la soledad para después poder comprender a los demás más profundamente.*

La soledad, como muchas otras circunstancias de la vida, no es un estado de adversidad o desdicha, es una oportunidad única para conocerse a uno mismo, para estar con uno mismo, para vivir el gozo del recogimiento y calmar la mente. Ya hemos explicado la preparación de esos ejecutivos japoneses que antes de cualquier reunión importante recurren a realizar su pequeño ritual en un anexo de su despacho. Un destacado empresario oriental lo explicaba de esta manera: «Antes de acudir a la mesa de juntas donde se va a realizar una importante negociación, una fusión empresarial o un acuerdo comercial internacional, es preciso dedicar unos minutos a la introspección. Se trata simplemente de recluirse en un rincón debidamente dispuesto para esta función. Un lugar que reúna condiciones óptimas según el Feng Shui, con su pequeño templo y su mandala. En estos lugares no se busca realizar un ritual religioso, sino una actividad sagrada con uno mismo. Se consigue serenar la mente, que el espíritu se cargue de rectitud, que el cuerpo se armonice y que un equilibrio adecuado se instale en la mente. Tras unos instantes de relajación y meditación uno se enfrenta a los acontecimientos de una forma imperturbable, sosegado y con gran placidez». Con esta actitud vemos la gran diferencia de comportamiento entre ejecutivos orientales y occidentales. Muchos directivos occidentales prefieren tomar algún tipo de estimulante antes de las reuniones: un güisqui o un café cargado; en algunos casos el ejecutivo moderno recurre a algún tipo de estimulante o droga. Estos elementos producen un mayor embotamiento, incluso una mayor agresividad que transforma al ejecutivo guerrero en un «ejecutivo agresivo». Entre ambas actitudes hay una gran diferencia que estudiaremos con más detalle en la tercera parte de este libro, con *El arte de la guerra* del maestro Sun Tzu.

7. *El guerrero goza de su soledad, para después gozar de estar acompañado.*

   La soledad es una circunstancia de la vida de la que nadie puede escapar. Como dicen los orientales, siempre estamos solos con nosotros mismos. Podemos estar rodeados de cientos de personas y sentirnos solos. Podemos encontrarnos en un transporte público lleno de gente que nos aprieta y estar en la más absoluta soledad. Siempre habrá momentos de la vida en que uno se encontrará solo. En una empresa, se puede estar rodeado de asesores, técnicos y consultores, pero el alto ejecutivo se reencontrará con su soledad en el momento de tomar una decisión que sólo él puede adoptar o disponer.

8. *El guerrero nunca escapa a la soledad ni al sentimiento de soledad.*

   El ejecutivo guerrero estaría realizándose un flaco favor si en los momentos de soledad se lamentase o tuviera compasión de sí mismo. Todo lo contrario. En esos momentos no hay lugar para lamentaciones, sino que debe mostrarse una mayor entereza, ser consciente del momento y de la responsabilidad. En esos momentos el ejecutivo guerrero debe comunicarse con la soledad. Lo debe hacer con sinceridad, sin tratar de escapar de la oportunidad de experimentar la soledad engañando a su pensamiento con ensoñaciones, recuerdos del pasado o fantasías de futuro. La soledad es una circunstancia única que permite estar con la persona más importante de la vida: uno mismo.

9. *El guerrero no debe permitir que la soledad le produzca estados de lamentación o autocompasión.*

10. *El guerrero se comunica con la soledad con gran sinceridad, la penetra, no escapa o huye de ella. No utiliza pensamientos ni ensoñaciones o fantasía para escapar de ese momento.*

La soledad se convierte en una oportunidad para velar. Velar es genéricamente estar sin dormir el tiempo que se destina al sueño mientras se cuida a alguien o algo. En el caso del ejecutivo guerrero, parodiando a los guerreros samuráis que velaban sus armas y su cuerpo, también vela sus armas que, en este caso, son su cuerpo y su mente. Porque es en la soledad cuando pueden aparecer los pensamientos más descarriados, y es cuando el ejecutivo guerrero debe tener su mente más fría, más serena y más racional.

11. *El guerrero vela en la soledad sus armas.*

Una vez se comprende la soledad, una vez se ha navegado por ella sin problemas y se ha aprendido de ella, se asume que al estar solo no se está sólo, y que al estar con otros nunca hay que perder la propia soledad; ya que esa soledad se convierte en una fuente de enriquecimiento, y que la introspección profunda lleva recóndito lugares de sabiduría.

12. *El guerrero al estar solo, no lo está; y al estar con otros jamás pierde su soledad.*

Capítulo 16

El miedo al fracaso y el miedo a ganar

Ganar, o perder: ¿qué te hace más desgraciado? El exceso de amor por cualquier cosa lleva a la prodigalidad. Grandes riquezas serán seguidas de grandes despojos. El hombre que se contenta no padece desgracia; el que sabe detenerse evita el peligro. Su vida será larga.
LAO-TSÉ EN EL Tao-Tê-Ching

Existe un miedo al fracaso, pero también existe un miedo al triunfo. La vía del samurái guerrero, exige que se tome conciencia de la necesidad de estar siempre preparado para poner a prueba la firmeza de la resolución. Día y noche el samurái debe establecer su elección y preparar su línea de actuación. Según se presenten las circunstancias, podrá ganar o perder. La vía del ejecutivo guerrero debe plantearse con la misma perspectiva.

Si nos ajustamos al concepto de miedo descrito por el psicólogo veneciano Roberto Assagioli (1888-1974), veremos que ambos tipos de miedo tienen una clara clasificación dentro de su esquema general. Según Assagioli del miedo se derivan la mayor parte de los males y sufrimientos de la humanidad; el miedo puede llegar a hacernos cometer acciones perjudiciales y adoptar actitudes crueles y violentas.

Assagioli destaca que existen cinco tipos de miedos: el primero es el instinto de conservación, que tiene como raíz el miedo a la muerte. El segundo el impulso sexual, que surge del miedo a la soledad y de la sensación de estar incompletos. El tercero es el instinto gregario, el que siente el ser humano al sentirse dividido, débil e inseguro, lo que le induce a buscar apoyo y seguridad en sus asociaciones con los demás. El cuarto es el miedo a no ser apreciado por los demás, reconocidos o valorados en la medida que creemos que merecemos y, por consiguiente, de no disponer de todo el poder que desearíamos sobre los demás. El quinto es el miedo a lo desconocido y al misterio. Lo desconocido es siempre más aterrador que lo conocido. La inquietud generalizada que impregna todos los aspectos del miedo puede ser tan inaguantable como el dolor físico intenso y constante.

Estos cinco miedos, especialmente el cuarto y el quinto, pueden tener mucho que ver con el miedo al fracaso y el miedo a ganar o triunfar. El miedo al fracaso está relacionado con la perspectiva de no ser reconocidos por los demás, con la pérdida de poder, aspectos que pueden originarse tras un fracaso comercial o financiero. Pero el triunfo también puede generar una inquietud generalizada como la descrita en el quinto caso, temor ante lo desconocido, ante la nueva perspectiva que viene tras haber ganado: haber triunfado.

Un análisis del miedo a triunfar puede producirse ante cuestiones que uno mismo se plantea: ¿Lo conseguiré? ¿Estaré a la altura de las circunstancias? ¿Daré la talla que esperan de mí los que me han ayudado a promocionarme?

Antes de ver cómo aborda el miedo el ejecutivo guerrero, veremos algunos consejos que ofrecen los psicólogos para superar estos dos tipos de miedos.

- Una forma de evitar temores y dudas es aceptar los errores, convirtiéndolos en una experiencia positiva de la que se aprende. La tradición samurái dice que cuando se insiste sobre un error cometido, se produce desajuste y dolor. Cuando se ha dicho algo que no debiera haberse dicho, si uno lo corrige rápidamente y plenamente, el error se olvida al momento y no hay necesidad de preocuparse.

- Nunca hay que rechazar la ayuda, ya que siempre puede aportar valiosos conocimientos cuando los obstáculos son difíciles de superar.
- Hay que reconocer los propios límites y saber solicitar consejo y ayuda cuando se ha llegado a una barrera infranqueable.
- Hay que realizar valoraciones realistas que permitan aumentar los conocimientos de la situación. Estas valoraciones servirán para estimular la seguridad en uno mismo.
- Cualquier proyecto que se plantee no será un camino de rosas; siempre comportará riesgos, confusiones, errores y las críticas de alguien. De todo ello hay que extraer la parte positiva, la que enseña y enriquece.
- Ser el mejor o creerse el mejor, puede originar tremendos derrumbes cuando se compruebe que siempre hay alguien mejor que uno mismo.
- Las dudas o los temores a la hora de tomar decisiones pueden determinar el fracaso o el triunfo.
- Cuando se gana hay que disfrutar del éxito, pero no conformarse sólo con los laureles. El éxito es el momento para proyectar empresas mayores.
- Siempre se debe valorar lo que se ha conseguido, pues ello ofrece un compendio del esfuerzo que ha significado.
- Nunca hay que temer a los competidores, hay que darles el valor justo que tienen.
- De vez en cuando es bueno realizar una autocrítica, siendo consciente de los errores y aprendiendo a convivir con ellos.

Finalmente, aún dentro de la psicología tradicional, Assagioli desarrolló numerosos métodos psicológicos para tratar de enfrentarse al miedo. Veamos a continuación cinco de esas pautas:

1. Al miedo se le combate con el uso de la mente, la reflexión y la persuasión, con el fin de dominar y transmutar las emociones.
2. La exploración del inconsciente, la búsqueda de las raíces del miedo, es vital; una vez localizadas hay que llevarlas a la luz de la conciencia. Es decir, hay que analizar qué es lo que nos asusta y enfrentarse a esto con claridad.
3. El miedo, si es persistente, se puede desviar a través de actividades físicas y deportivas. También se puede dirigir la imaginación hacia otros puntos.
4. Una forma de enfrentarse al miedo es cultivando las emociones positivas y dinámicas, como pueden ser el valor, la alegría, el humor, etc.
5. Un método eficaz para enfrentarse al miedo es entrenarse en el ejercicio de la imaginación prospectiva, es decir, intentar vivir con anterioridad el acontecimiento temido y repetirlo en la imaginación hasta que el miedo haya desaparecido.

Pero ¿cómo se enfrenta el ejecutivo guerrero al miedo? Nuevamente aplicaremos los antiguos consejos de la tradición zen en la «vía del guerrero» y los aplicaremos al mundo actual.

- *El ejecutivo guerrero, como todo ser humano, vive momentos de miedo, pero se enfrenta a él, no se escapa, no se evade, no busca subterfugios.*

  Cualquier decisión importante, en la que se invierte gran capital o en la que se pone en juego los recursos de la empresa, es causa de temores y miedos. Finalmente, concluyamos con esta cita de Yagyu, maestro de la vía del sable, perteneciente al shogun Tokugawa: «No sé cómo superar a los demás. Lo único que sé es cómo superarme a mí mismo».

- *El ejecutivo guerrero debe aprender a relacionarse con el miedo. Sabe que el miedo es producto de su mente, y que en ocasiones tiene sus raíces psicológicas en lo más profundo de su ser.*

- *El ejecutivo guerrero debe saber utilizar el miedo, y para ello debe utilizarlo como un aliado que se convierte en una señal de alarma.*

El miedo no debe convertirse en algo que paralice la mente del ejecutivo guerrero, por lo tanto hay que enfrentarse a él, saber cuál es su procedencia y sus raíces y ser consciente de que el miedo es, ante todo, un producto de la mente. Una vez se conoce el miedo es más fácil enfrentarse a él, y puede ser convertido en un aliciente, en una fórmula o señal de alarma que nos ponga en guardia ante algún problema o crisis. Si el miedo se convierte en una alarma permite mantenerse alerta.

- *El ejecutivo guerrero sabe que el miedo utiliza el denominador «fracaso» porque hace palidecer a los más valientes.*

- *El ejecutivo guerrero debe saber que mientras el ego domine su mente, el miedo al fracaso siempre estará junto a él.*

Uno de los miedos más importantes por los que atraviesa el ejecutivo guerrero es el miedo al fracaso. Este miedo tiene raíces en el ego personal, ya que se teme fracasar porque con el fracaso se deteriora el ego: se teme al «que dirán», «qué pensarán», «cómo me juzgarán». Y todos estos aspectos tienen que desaparecer de la mente, ya que sólo sirven para crear preocupación.

- *El ejecutivo guerrero debe saber que sólo enfrentándose al miedo al fracaso podrá superarlo, y que la evasión no sirve de nada.*

De nada sirve no considerar el fracaso, de nada sirve evadirse del miedo al fracaso. Hay que enfrentarse con él y tener

en cuenta todas las consecuencias. Enfrentarse al fracaso es tener en cuenta esa posibilidad. Al considerar las posibilidades de fracaso también se analizan las posibles consecuencias que puede acarrearlo. En realidad, el ejecutivo guerrero se está anticipando al futuro y, al mismo tiempo, rectificando los errores que le pueden conducir al fracaso. Así, esta actitud le lleva a las siguientes máximas:

- Para el ejecutivo guerrero, el fracaso se convierte en un aliciente que motiva la lucha y el triunfo. No le desalienta, le potencia porque es consciente de que no hay tiempo que perder.

- El ejecutivo guerrero siempre tendrá el fracaso presente como una lección. Al tener el fracaso presente, la vida adquiere un nuevo significado y el ejecutivo guerrero empieza hacer de ella lo que quiere, es decir, llevando a término sus propósitos y objetivos.
- Finalmente el ejecutivo guerrero no permite que el fracaso le asuste como idea, sabe que es más importante vivir su trabajo con absoluta dedicación, interés y desapego.

Aplicando *El arte de la guerra* de Sun Tzu

Sun Tzu, Sun –Zi o Sun– Wu, filósofo guerrero chino, fue para algunos historiadores un personaje legendario, para otros un filósofo y guerrero chino que vivió, aproximadamente, entre 551-479 a. C, contemporáneo de Confucio. Sun Tzu parece ser el autor del popular libro *El arte de la guerra.*

El arte de la guerra puede considerarse el libro de estrategia más antiguo del mundo. Su popularidad penetró rápidamente las fronteras de Japón, país que vio en este tratado un texto de valiosa ideología que podía aplicar tanto a la política como a su mundo empresarial.

El arte de la guerra no debe considerarse sólo como un texto militar, ya que, para sorpresa de muchos, la guerra y la agresividad no son partes integrantes de este libro. Como dice la máxima clásica de Sun Tzu: «Es mejor ganar sin luchar».

Por otra parte, el contenido del libro muestra cómo Sun Tzu plantea claramente que la estrategia debe estar dirigida a hacer que el conflicto sea totalmente innecesario. Así la mejor técnica militar mencionada por Sun Tzu es la que frustra los complots de los enemigos, y para ello hay que deshacer sus alianzas, atacar sus fuerzas armadas, siendo la peor estrategia la de sitiar sus ciudades. Muchas de estas estrategias tienen una evidente traducción para ser aplicadas al mundo empresarial, sin necesidad de convertir la competencia entre compañias en una guerra brutal y despiadada. Ante todo, Sun Tzu es un taoísta y la humanidad prevale en toda su filosofía de la guerra, descartando la agresividad como justificante de la codicia y la posesividad.

Al margen de las peculiaridades del contenido del *El arte de la guerra,* que ya se abordará en los próximos capítulos, mencionar que ha sido cuestionada la existencia de Sun Tzu. A partir del año 1000 d. C., la mayor parte de los críticos chinos que comentaron este libro rechazaron que fuera obra de un solo autor y cuestionaron la existencia de Sun Tzu. Algunos historiadores estaban convencidos de que *El arte de la guerra* había sido escrito por un colectivo, por un grupo de maestros o estrategas militares.

Otros autores, basándose en *Las crónicas históricas* creen que Sun Tzu nació en la ciudad de Loan, perteneciente en aquellos tiempos al reino de Qi. Al parecer la reputación de Sun Tzu llegó a oídos de Ho-lu, un pequeño rey del vecino estado de Wu. Ho-lu le encomendó el mando de su ejército, y gracias a la filosofía de Sun Tzu, conquistaron reinos adyacentes y el reino de Qi protagonizó un importante papel en el área central de China.

Sea o no *El arte de la guerra* obra de un único autor, es considerado como uno de los tratados más universales e intemporales de la literatura militar.

Finalmente destacaremos que *El arte de la guerra,* no es el único tratado encontrado en China sobre este tema. Excavaciones recientes han aportado otros tratados como *El arte de la guerra* de Wen Zi, el libro de *Las seis estrategias* o la colección conocida como *Los manuscritos de seda del emperador amarillo.* Sin olvidar el material hallado en una necrópolis situada a las afueras de Lin-yi, entre Pekín y Shangai: cuatro mil novecientos cuarenta y dos tablillas de bambú caligrafiadas. Hay que advertir que los catálogos de la biblioteca imperial del siglo I a. C. atribuían al tratado de Sun Tzu una extensión considerablemente mayor que la del texto actual. Según estas fuentes, *El arte de la guerra* tenía 82 capítulos, de los que sólo se conocen trece, los llamados canónicos.

De cualquier forma, *El arte de la guerra* de Sun Tzu se convierte en un estimable texto que aporta una vital enseñanza, no sólo a los militares, sino a los ejecutivos de espíritu guerrero, ya que su carácter es más intelectual que técnico-militar. Vencer al enemigo o competidor no se convierte en el objetivo final, sino que el objetivo es siempre la búsqueda del «dao», es decir, el «camino» que conduce a la victoria. Ya hemos dicho que los principios de Sun Tzu son eludir la batalla, especialmente si no existen garantías de vencer; por lo tanto, se trata de evitar riesgos tratando de intimidar al competidor con medios psicológicos, siendo el factor tiempo más importante que la fuerza para desgastar.

Capítulo 17

Criterios estratégicos

Los criterios estratégicos o el análisis de los factores que ofrece Sun Tzu en el primer capítulo canónico tienen una fácil traducción al mundo empresarial y comercial.

> La guerra es de importancia vital para las naciones. Es la base donde se decide la vida y la muerte de una país, la senda de su supervivencia o de su destrucción. Por este motivo debemos analizar este conflicto con atención.

Al traducir este canon al ámbito comercial vemos lo importantes que son para una nación sus relaciones comerciales, sus importaciones y sus exportaciones, ya que con ello pone en juego la supervivencia de la economía del país. Por este motivo es preciso analizar con suma atención y delicadeza este aspecto importante del desarrollo o la pobreza. A una escala más reducida se podría comparar a una empresa.

> *Para poder calibrar las probabilidades de alcanzar una victoria, es necesario calcular partiendo del análisis de cinco elementos que son: dao (el camino), el clima, el terreno, el líder y la disciplina.*

El dao (concepto filosófico oriental que impregna toda la existencia del hombre sobre la tierra) tiene que garantizar una sintonía de mentalidad de todo el equipo de trabajo, y especialmente con quienes lo dirigen. Si esta sintonía existe el equipo estará dispuesto a seguir a sus dirigentes hasta el final y aceptará las decisiones que se tomen.

El clima es un factor que se debe tener en cuenta cuando se proyecta cualquier acción comercial, porque, como dice Sun Tzu, «El clima influye en pro o en contra de la victoria». El calor o el frío, las mismas estaciones anuales serán básicas en el momento de lanzar una campaña de un producto o en el momento de ir a venderlo. Evidentemente no parece lógico vender estufas en pleno verano, cuando el público desea comprar ventiladores. Todo hombre de marketing sabe que hay determinadas estaciones del año que son más propicias para iniciar campañas comerciales. Tampoco cabe esperar esfuerzos máximos de los vendedores cuando la temperatura es agobiante o terriblemente helada. Se debe recordar que dos importantes personajes históricos, uno estratega militar y otro político, fracasaron por no considerar las condiciones climáticas. Napoleón invadió Rusia sin contar con el frío invierno estepario, Hitler cometió el mismo error.

Las características del terreno serán también cruciales. Hay que saber por dónde se va a mover uno, qué dificultades ofrece el terreno dónde se trabaja, qué distancias se convertirán en un probiema y qué accesibilidad se tendrá al entorno. Hoy en día todos estos factores se convierten en costos muy importantes, especialmente si los desplazamientos son continuos y de abundante personal.

El líder o los líderes intermedios, deben cumplir unas características determinadas, y entre estas, como señala Sun Tzu, está la sabiduría, que hoy se podría traducir en profesionalidad; rectitud, mostrando una imagen intachable y repleta de honradez; afabilidad, especialmente con los subalternos, algo que se valora como humanidad; valor, a la hora de tomar decisiones; y temple en los momentos en los que surgen dificultades.

Finalmente, se ha mencionado la disciplina, pero este término también se entiende como organización. Por lo tanto, se está hablando de eficacia en lo que se desarrolla, estructura, control de gastos y logística.

Sun Tzu destaca que: «Todo jefe conoce la existencia de estos cinco factores. Sin embargo, sólo el que los controla tiene posibilidad de vencer, y el que los domina, será derrotado».

En *El arte de la guerra,* Sun Tzu plantea, tras el análisis de los cinco factores, una serie de preguntas que deben plantearse los mandos para conocer cuál es su situación. A continuación se ofrece una traducción de esas preguntas aplicadas al mundo comercial de hoy:

- ¿Qué directivo está más capacitado? (Sun Tzu diría: ¿Qué general está más capacitado?)
- ¿A qué empresas favorece el clima y el mercado?
- ¿Qué personal tiene más disciplina para poder emprender este proyecto?
- Qué empresa es más fuerte: ¿la nuestra o la competencia?
- ¿Quién dispone de personal más capacitado y profesionalizado? ¿Nosotros o la competencia?
- ¿Quién tiene al personal mejor asalariado? ¿Quién ofrece mejores comisiones o premios?

Como bien dice Sun Tzu: «Si sabes las respuestas, podrás saber quién será el vencedor». Y advierte: «El jefe que atiende a los consejos de sus superiores alcanzará la victoria. Consérvalo a tu lado, y ten la certeza que el jefe que no atiende los consejos será derrotado. A este último hay que apartarlo de la contienda».

Sun Tzu ofrece una serie de consejos que pueden ser de gran utilidad a la hora de iniciar la contienda comercial, en la lucha, estos consejos que tiene un vigor actual en la contienda empresarial no precisan una traducción al mundo comercial, por ello se exponen a continuación tal como él los redactó. Hoy en día suponen un arte para engañar a los competidores.

- *Cuando seas fuerte, simula debilidad.*
- *Cuando estés preparado para actuar, finge apatía.*
- *Aunque seas competente, aparenta ser incompetente.*
- *Aunque seas efectivo, muéstrate ineficaz.*
- *Cuando proyectes un ataque en los alrededores, aparenta que te dispones a ir lejos; cuando proyectes atacar un lugar distante, finge que vas a hacerlo muy cerca.*
- *Si el enemigo alcanza algún éxito parcial, déjale dormir en sus laureles.*
- *Cuando ellos están satisfechos, prepárate a luchar; cuando son poderosos evítalos.*
- *Si adviertes que están coléricos, provócalos.*
- *Si descansan, hostígales.*
- *Cuando no tengan conflictos internos, siembra motivos de discordia entre sus filas.*
- *Atácalos cuando estén desprevenidos y haz tu movimiento cuando no lo esperen, actuando por donde nunca imaginarían que lo harías.*

Cualquier estrategia antes mencionada precisa planificación y un análisis profundo de la situación. Estos dos factores realizados sensatamente ofrecen un desenlace claro de la batalla competitiva.

Sun Tzu asegura: «El que planifica la victoria en el cuartel general, incluso antes de entablar la batalla, es el que tiene más factores estratégicos de su parte. Así, siempre que la comparación entre la suma de factores favorables y desfavorables arroje un saldo positivo, cuando mayor sea la diferencia mayores serán las posibilidades de vencer; y cuando menor sea esa diferencia, menor serán las posibilidades de vencer. Si la comparación arroja un saldo negativo, las posibilidades serán nulas».

Capítulo 18

Actuar en medio de la batalla comercial

El segundo capítulo canónico de *El arte de la guerra* de Sun Tzu nos lleva a la actuación en medio de la batalla, una batalla que para el ejecutivo guerrero se transforma en combate comercial.

El maestro Sun se refiere inicialmente a la necesidad de disponer de recursos económicos para poder sostener los embates de la batalla. Unos recursos económicos que se traducen en provisiones y en medios. Así habla de: «Afrontar los gastos que exige la movilización del ejército, tanto en el propio país como en el campo de batalla, incluidos los costes derivados de pagar a los asesores y a los observadores extranjeros, y el importe de los productos necesarios para mantener en buen estado arneses, carros y blindajes».

¿No tienen todos estos factores una traducción clara al mundo comercial actual? Es evidente que cualquier negocio o cualquier campaña comercial precisa, inicialmente, contar con unos recursos económicos para afrontarla. Si no se dispone de estos recursos económicos no se podrá afrontar los gastos derivados de la movilización del personal, sus desplazamientos al extranjero para vender o comprar; no se podrá pagar los costes de los asesores especializados o de los delegados en otros países, o la información necesaria para penetrar en un nuevo mercado. Pero también habrá que prever la compra de productos necesarios para fabricar, o para mantener en buen estado la maquinaria de oficinas, fábricas o de los vehículos para desplazamientos.

Sun Tzu, tras estos primeros pasos, se refiere a los aspectos que envuelven la batalla:

> El principal objetivo de la guerra es vencer con prontitud. Si los combates se prolongan las armas terminan por embotarse y la tropa se desmoraliza; si estás asediando una ciudad, agotarás tus fuerzas. Y si se mantiene al ejército mucho tiempo en una prolongada campaña, las arcas se resentirán y los suministros serán insuficientes.

Cualquier campaña comercial tiene como objetivo vencer, obtener unos buenos beneficios y extrapolar la imagen corporativa de la empresa como creadora de buenos servicios o materiales. Pero la campaña tiene que ser rápida y fulminante. De lo contrario la competencia puede reaccionar e imitar esta campaña. Por otra parte, una campaña larga acaba por embotar y desmoralizar al personal sediento de esfuerzos rápidos y triunfos veloces. Finalmente, es evidente que los gastos de cualquier campaña comercial dependerán de su duración. El tiempo juega contra la economía, a más horas de trabajo más gastos, más tiempo significa pérdida de beneficios.

Las consecuencias y los peligros de una campaña comercial larga están claramente expuestos en el siguiente consejo de Sun Tzu.

> Cuando la tropa esté desmoralizada, sus fuerzas agotadas y los recursos mermados, se corre el peligro de que el enemigo aproveche tu debilidad. Incluso los demás aprovecharán esta debilidad para sublevarse. Ni los consejos más sabios de los estrategas podrán solucionar el problema. Nunca debe mantenerse una campaña militar demasiado tiempo. No es beneficioso para una nación dejar que una operación militar se prolongue en exceso.

Obsérvese que Sun Tzu no sólo habla de otros enemigos comerciales, sino de enemigos que se sublevan. Cuando el esfuerzo exigido es muy grande el personal termina por mostrar su malestar. En estas situaciones siempre sale alguien que murmura los fallos cometidos, que trata de escalar puestos en el organigrama directivo apoyándose en los fallos de su superior alegando que él lo hubiera realizado de otra forma. Si la campaña es larga y penosa se corre este peligro: los costos se disparan, los beneficios se reducen, los gastos exceden el presupuesto inicial. Los enemigos interiores y exteriores se aprovechan de esta situación. Ni los mejores consejos sirven para solucionar el problema. Por esta razón hay que tener en cuenta la justa medida del tiempo y los recursos necesarios para desarrollar cada campaña.

Para Sun Tzu la rapidez es esencial en la batalla, él mismo destaca al respecto: «No conozco ni un solo caso en el que un ataque bien planificado se haya caracterizado por la lentitud». Este hecho tiene una clara traducción dentro del mundo comercial: planificación y rapidez.

> Los estrategas no precisan reclutar tropas por segunda vez, ni deben solicitar provisiones a su propio país en más de tres ocasiones.
> Los estrategas deben contar siempre con su propio armamento y material. Deben procurar abastecerse en territorio enemigo.

Reclutar tropas por segunda vez es como contratar personal por segunda vez. Todo directivo sabe los problemas que conlleva la contratación de personal por segunda vez en plena campaña comercial. En primer lugar, por el problema de encontrar a las personas adecuadas. En segundo lugar por la formación y preparación de ese personal. Todo ello se traduce en nuevos costos y, sobre todo, en tiempo. En cuanto a «procurar abastecerse en territorio enemigo», es evidente que se traduce en la conveniencia de disponer de almacenes, delegaciones o sucursales en los lugares lejanos donde se va a realizar la campaña. Sun Tzu se refiere a este tema de una forma más concreta cuando explica:

> Un país puede empobrecerse a causa del abastecimiento del ejército. Si la batalla se produce lejos de la frontera los elevados costes de transporte pueden empobrecer al país [...] Toda riqueza se desviará en el campo de batalla especialmente si este es lejano. El jefe experto se esforzará en suministrar a su ejército productos obtenidos en el territorio enemigo.

Es evidente que cuanto más lejano sea el lugar en el que se llevará a cabo la campaña comercial más se encarecerán los costes. Los envíos de material serán más costosos, igual que los desplazamientos y las llamadas telefónicas. Por ello es necesario disponer de almacenes cercanos para poder servir los productos, o pequeñas fábricas donde producirlos. Si el personal es de la zona sólo será necesario un mínimo de directivos desplazados.

Sun Tzu hace una referencia a los enemigos que son hechos prisioneros, un aspecto que puede tener también una aplicación en las relaciones comerciales con la competencia.

> A los soldados enemigos hechos prisioneros, utilízalos mezclados con los tuyos. Trátalos bien y préstales atención. Aliméntalos. Se trata de un procedimiento que aumenta tus propios efectivos y redunda en la derrota del adversario.

Comercialmente hablando quiere decir que nunca se debe rechazar a aquellos adversarios que quieren pasarse a nuestro lado. No hay que rechazarlos, ni rebajarlos, hay que prestarles atención y aprovechar sus conocimientos del territorio y del lugar. Ellos conocen perfectamente al enemigo, saben cómo opera y eso les convierte en elementos de gran ayuda. Con ellos se aumentan los propios efectivos, y, como dice Sun Tzu, se consigue que ello redunde en la derrota de la competencia.

Finalmente, el maestro Sun Tzu resume de este modo el segundo canon de *El arte de la guerra:*

> Lo importante en una operación militar es la victoria y no la persistencia. Persigue la victoria rápida, huye de las operaciones prolongadas.

Capítulo 19

Planificando la ofensiva comercial

El tercer capítulo canónico de *El arte de la guerra* de Sun Tzu nos sitúa en la planificación ofensiva. Sus consejos tienen mucho que ver con los planes comerciales, financieros o industriales, y especialmente con la necesidad de planificar los objetivos hasta el último detalle.

> La regla general es preservar el propio país; antes de destruir al enemigo es mejor conseguirlo intacto. En lo referente al propio ejército, lo ideal es conservarlo íntegro. Vencer cien veces en cien batallas no es lo óptimo; lo óptimo es dominar al enemigo sin haber luchado contra su ejército.

Preservar el propio país es preservar nuestra empresa. El objetivo dominante no es vencer batallas ni conquistar, sino evitar que nuestra empresa sucumba. Un objetivo que está supeditado a conservar íntegro al personal de la empresa, los ejecutivos, asesores, subordinados, etc. Todos ellos forman parte de la columna vertebral de la empresa y, por lo tanto, su pérdida tendría fuertes consecuencias en la estructura general. Así, mantener intacto el organigrama de personal se convierte en una acción preferente.

Sun Tzu no es partidario de entablar guerras comerciales que requieran numerosas batallas, como dice, *lo óptimo es dominar al enemigo sin haber luchado contra su ejército;* y eso sólo se puede conseguir con la negociación que persigue la absorción de una empresa por otra, o la fusión en la que uno es mayoritario (dominante) en la junta directiva. Toda batalla comercial debilita a ambas partes; se puede ganar pero el triunfo puede finalizar en una victoria pírrica.

A veces la confrontación con un competidor es inevitable, en tal caso hay que seguir los tres pasos dictados por Sun Tzu:

Primer paso: neutralizar los planes estratégicos del enemigo.
Segundo paso: erosionar su sistema de alianzas.
Tercer paso: combatir en campo abierto.

Para neutralizar los planes estratégicos hay que conocerlos o intuirlos. En cualquier caso, se deben neutralizar tan pronto como se han hecho efectivos. Si la competencia lanza una campaña de publicidad hay que proceder rápidamente a neutralizarla tan pronto como aparezca. En ocasiones se puede intuir lo que hará la competencia: campañas de publicidad, reducción de precios, regalos, ofertas. Todas estas posibilidades han de tenerse en cuenta y prever contra campañas que las neutralicen.

Otro punto importante atañe a las alianzas de la competencia. ¿Con quién está aliado? ¿Cuáles son los beneficios mutuos de esta alianza? ¿Cómo se podría romper esta alianza? ¿Qué se le puede ofrecer a su aliado para que cambie de lado o actúe de una forma neutral? ¿Hasta qué punto se debilitará el competidor si se le priva de sus alianzas?

Finalmente, tras estos dos pasos es cuando se puede entablar una batalla abierta con el competidor. Pero la batalla también tiene sus limitaciones, como veremos a continuación.

La peor táctica es tratar de atacar ciudades amuralladas. Pueden pasar meses antes de minar su resistencia, y también se precisan meses para preparar los artefactos que formen parte del asedio y asalto. Podrían pasar meses, y durante todo ese tiempo, el jefe que hubiera ordenado conquistar la ciudad podría perder la paciencia.

Si nuestro competidor es fuerte y poderoso la táctica nunca debe ser la del asedio, y entendemos como asedio, por ejemplo, el tratar de minar su resistencia ofreciendo nuestros productos a un coste inferior al suyo, aun sabiendo que estamos perdiendo dinero. Este tipo de asedios suelen ser muy costosos y peligrosos, ya que el competidor puede resistir durante mucho tiempo. Por otra parte, el asedio requiere tiempo para preparar planes; tiempo que se roba de la propia creatividad, del propio desarrollo. Al final uno puede descubrir que no está desarrollando su empresa o llevando a cabo su campaña, sino que está dedicando todo su empeño en asediar a su competidor descuidando la producción, las ventas, la publicidad y los proyectos futuros.

Es evidente que todo ello nos remite de nuevo a la necesidad de vencer sin tener que entablar batalla.

> Un verdadero maestro del arte de la guerra someterá a las fuerzas enemigas sin entablar batalla, conquistará otras ciudades sin asediarlas y, sobre todo, aniquilará el poder del enemigo sin emplear mucho tiempo.

Vemos, como dice Sun Tzu, que *el objetivo es conservar íntegro el ejército para que no pierda competitividad.* A veces la batalla es irremediable, en este caso Sun Tzu ofrece unos consejos prácticos para que el ejército no quede mermado por los combates.

> Si tus fuerzas son diez veces superiores a las del contrario, rodéalo.
> Si tus fuerzas son cinco veces superiores, atácalo.
> Si son dos veces superiores, entra en contacto con su ejército.
> Cuando tus fuerzas sean iguales en número, divídelo.
> Cuando tus fuerzas sean inferiores, limítate a defenderte.
> Si tus fuerzas son muy inferiores en número, evita el combate.

Estos consejos pueden traducirse comercialmente de muchas formas. Pueden referirse a efectivos de personal, medios, a fuentes financieras, a recursos económicos, etc. Es indudable que con una superioridad económica diez veces mayor que la de nuestro competidor no es necesario entablar una batalla: la presión se puede ejercer en otros aspectos hasta conseguir absorber al competidor a través de una fusión en la que siempre se será capitalista mayoritario. El caso contrario sería que los recursos fueran inferiores, caso en el que se debe pasar inadvertido y huir evitando la confrontación.

> Los generales son el puntal del ejército. Cuando el puntal se mantiene firme, el país es fuerte. Cuando el puntal es defectuoso, el país se debilita.

Sun Tzu hace un símil con una parte del mecanismo del carro de combate, el puntal que evita que vuelque. Este símil es extrapolable a un directivo de una gran empresa: si su actitud es firme, la empresa es fuerte y progresa. Si su actitud es débil, la empresa terminará por hundirse.

Sun, al tratar la importancia del comandante que manda el ejército, advierte sobre los tres supuestos que pueden llevar al desastre:

> Primer supuesto: ordenar un avance o un retroceso sin tener en consideración los hechos. Sin considerar si se está preparado para avanzar o retroceder.
>
> Segundo supuesto: interferir en asuntos militares cuando no se conocen debidamente provoca que los soldados acaben confusos.
>
> Tercer supuesto: intervenir en operaciones militares sin conocer sus posibles derivaciones y compartir el mando con los militares provocando el desconcierto de los soldados.

Comercialmente sabemos que es un error ordenar realizar una campaña o lanzarse a la comercialización de un producto sin conocer a fondo el mercado, sin haber estudiado con detalle todos los inconvenientes y las ventajas; sin tener el personal adecuado y preparado debidamente. De la misma forma, cortar en seco una campaña o una producción, puede desencadenar graves repercusiones que afecten a la clientela o a los proveedores. En cualquiera de los dos casos siempre hay que considerar los hechos.

Lo mismo puede ocurrir en los supuestos segundo y tercero, cuando se interfiere en asuntos que se desconocen con profundidad, o se realiza un mando compartido en el que las órdenes son dispares entre profesionales y ejecutivos. Todo ello lleva a la confusión al personal, transmitiéndole una sensación de inseguridad.

Finalmente, el maestro Sun Tzu ofrece cinco factores para conocer el desenlace final de la batalla:

1. Ganarán los que sean capaces de discernir cuándo hay que atacar y cuándo no hay que hacerlo.
2. Ganarán los que sepan valerse de la superioridad e inferioridad numérica.
3. Ganarán los que tengan mandos, superiores e inferiores, que obren al unísono.
4. Ganarán los que dispongan de los mandos más competentes y los soldados más profesionales.
5. Ganarán los que cuenten con generales competentes que no estén limitados por sus gobiernos y que sepan actuar de forma autónoma.

Sin duda, estos cinco puntos son un resumen de todo lo que se ha explicado a lo largo de este capítulo: saber cuándo hay que lanzar una campaña; utilizar inteligentemente la superioridad o la inferioridad frente a la competencia; trabajar en equipo y coordinadamente; disponer de un personal profesionalizado en todos los rangos; y contar con un staff competente que pueda actuar con autonomía y que no se halle limitado en sus decisiones ejecutivas.

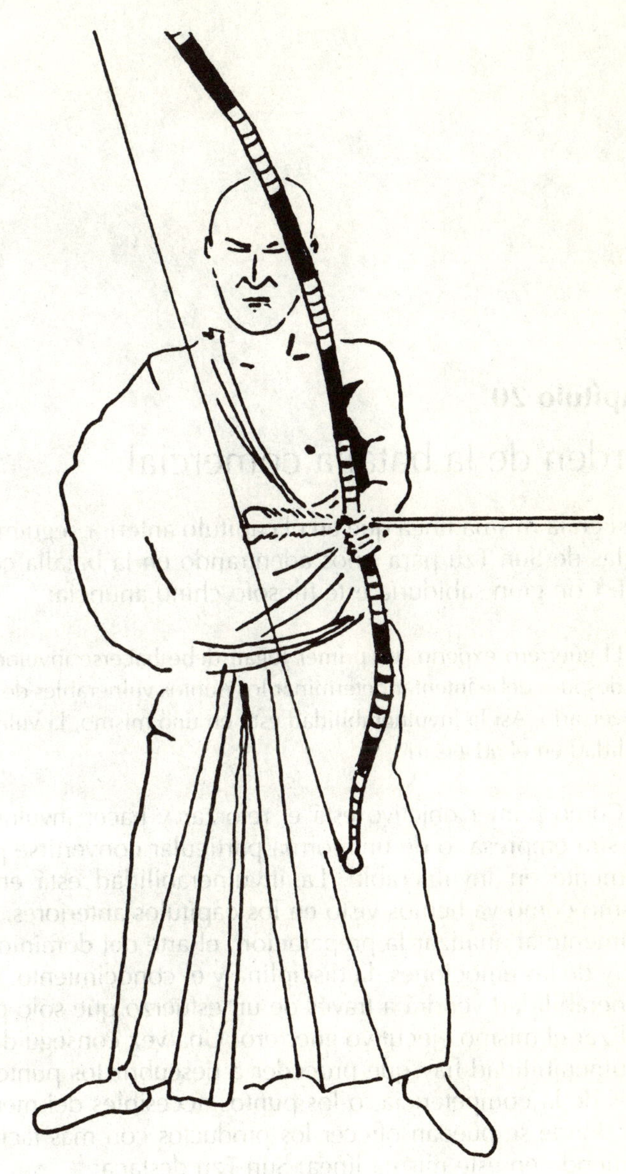

Capítulo 20

Orden de la batalla comercial

Casi en la misma línea que en el capítulo anterior seguimos las reglas de Sun Tzu para irnos adentrando en la batalla comercial. Con gran sabiduría este filósofo chino anuncia:

> El guerrero experto, en primer lugar, debe hacerse invulnerable, después debe intentar determinar los puntos vulnerables de su adversario. Así la invulnerabilidad está en uno mismo, la vulnerabilidad en el adversario.

Como primer objetivo está el reforzar y hacer invulnerable nuestra empresa, o de una forma particular convertirse personalmente en invulnerable. La invulnerabilidad está en uno mismo como ya hemos visto en los capítulos anteriores, especialmente al analizar la preparación, el arte del dominio interior y de las emociones, la disciplina y el conocimiento. La invulnerabilidad vendrá a través de un esfuerzo que sólo puede realizar el mismo ejecutivo guerrero. Una vez conseguida esta invulnerabilidad hay que proceder a descubrir los puntos débiles de la competencia, o los puntos accesibles del mercado por dónde se puedan ofrecer los productos con más facilidad. Siguiendo en este misma línea, Sun Tzu destaca:

> El guerrero experto puede ser invencible, pero no puede hacer que sus adversarios sean vulnerables. La actitud defensiva permite ser invulnerable, la ofensiva permite detectar los puntos débiles del enemigo.

Para triunfar el ejecutivo guerrero debe adoptar una postura defensiva que le permita ser invulnerable ante los ataques de la competencia. Mediante una actitud ofensiva, podrá detectar los puntos débiles de la competencia, o los puntos más accesibles que le permitan penetrar en un determinado mercado. Esta filosofía ha sido traducida de distintas maneras según los traductores de *El arte de la guerra*, una de sus versiones dice: «Quien no está en condiciones de vencer, se inclina por la defensa; el que confía en la victoria, ataca»; otra versión se expresa de la siguiente manera: «La defensa es para tiempos de escasez, el ataque para tiempos de abundancia».

El triunfo o el fracaso no es cuestión de suerte sino de las estrategias que se han estudiado, de la planificación de la campaña que se quiere emprender. Se puede poner mucha voluntad, empeñar mucho esfuerzo, pero si no se ha realizado una planificación adecuada toda la campaña se puede ir al traste. Sun Tzu lo explica del siguiente modo:

> Las victorias de los buenos guerreros no se valoran por su bravura. Las victorias que se alcanzan no dependen de la suerte, ni de la casualidad. Sus triunfos son fruto de haberse posicionado previamente para poder ganar con seguridad, ya que sé conoce de antemano el desenlace.

¿Cuál es la estrategia a seguir para ganar en plena batalla comercial? Veamos qué explica Sun Tzu:

> Los buenos estrategas toman posición en terrenos inaccesibles que no pueden perder, y no pasan por alto las situaciones en las que existe la oportunidad de derrotar al adversario. El ejército ganador sólo entablará batalla después de haberse asegurado la victoria.

Ante todo hay que fortalecer la propia empresa, abarcar un mercado que sea inaccesible a la competencia y que no se pueda perder a pesar de las incursiones que pueda sufrir. Una vez conseguido este primer objetivo, sólo se entablará una batalla comercial en otros mercados si se tiene la certeza de resultar vencedor.

Dentro del orden de la batalla, Sun Tzu, hace referencia a cinco reglas militares importantes:

> Primero, situación; segundo, financiación; tercero, cálculo; cuarto, efectivos; quinto, posibilidades. El análisis de la situación valorará el coste de la guerra; las previsiones determinarán los efectivos; la correlación de fuerzas determina las posibilidades de victoria o derrota.

Estas cinco reglas tienen una fácil interpretación dentro del mundo comercial. Cualquier campaña comercial que se quiere emprender requiere un análisis de la situación, saber con qué recursos económicos se cuenta, y un análisis logístico que determine los efectivos. Todo ello marcará una correlación de fuerzas que condicionarán las posibilidades de éxito o fracaso.

Capítulo 21

Maniobras comerciales

Las maniobras militares de *El arte de la guerra* tienen cierto paralelismo con las operaciones comerciales. En ambos casos serán de suma importancia la organización, el personal elegido, la dirección de grupos, la acción directa, la convencional o la insólita. El maestro Sun destaca inicialmente:

> La organización de un ejército numeroso permite gobernar muchos soldados como si fueran pocos. El arte está en saber dividir en grupos.

¿Cómo saber utilizar eficazmente un gran número de personas destinadas a realizar una importante operación comercial? Indudablemente el secreto radica en la organización y, dentro de la organización, en saber crear grupos que puedan operar independientemente bajo una dirección general.

Cuando se ha conseguido este primer paso se pasa al segundo que está basado en el tipo de acción, despliegue o maniobras que se deben utilizar. En este caso Sun Tzu distingue claramente dos tipos de maniobras:

> Existen dos métodos que permiten combatir contra el adversario: la maniobra convencional y la maniobra insólita.

Podríamos traducir este concepto de una forma más convencional distinguiendo entre la utilización de métodos ortodoxos y métodos heterodoxos. Así, la venta de un producto se puede producir por un camino ortodoxo: la distribución normal; o por un camino heterodoxo: la distribución particular. Es decir, podemos valernos de una distribuidora para que haga llegar los productos a los principales puntos del mercado, pero a la vez podemos realizar una distribución privada para llegar a lugares concretos de ese mercado que, tal vez, la distribuidora no abarcará. En ocasiones la venta o la acción de los ejecutivos debe distinguir entre puntos débiles del mercado y puntos fuertes. Lugares a los que se puede acceder con mayor facilidad y lugares que están más cerrados o son más fieles a la competencia. Este aspecto es tratado por Sun Tzu cuando destaca:

> Se debe saber distinguir entre puntos débiles y puntos fuertes. Esta distinción permite que el ejército propio caiga sobre el del enemigo con fuerza y contundencia.

La maniobra convencional o la insólita tienen concretas aplicaciones:

> En la batalla se utiliza la maniobra convencional para establecer contacto con el enemigo, y la maniobra insólita para ganar por sorpresa.
>
> Los recursos que puede idear el experto en el arte de la guerra con el método insólito son infinitos, como el cielo y la tierra, inagotables como los grandes ríos y los profundos mares. Unos reemplazan a otros, como los días y los meses, como las cuatro estaciones mueren y renacen.

Las operaciones convencionales servirán para establecer los primeros contactos con los compradores o los vendedores; las maniobras insólitas serán aquellas que atacarán por sorpresa y conseguirán alcanzar los objetivos marcados. Las ope-

raciones insólitas son infinitas: siempre se pueden realizar nuevas y variadas combinaciones para sorprender a la competencia y a los mercados en los que tenemos algún interés en penetrar.

Cualquier acción comercial precisa un ritmo de cadencia que la impulse para seguir adelante; cualquier campaña precisa un seguimiento para permitir seguir alcanzando los objetivos deseados. Lanzar al mercado un producto nuevo requerirá de una correcta campaña de publicidad, analizar si las ventas en los lugares escogidos mantienen las previsiones establecidas. En resumen, seguir la demanda del mercado. Sun Tzu destaca al respecto:

> La maniobra es lo que impulsa la batalla y el ritmo lo que marca su cadencia. Es como tensar la ballesta, acto en el que el ritmo equivale al instante en que el arquero lanza la flecha.

Toda maniobra, toda campaña, toda operación requiere un orden, ya que el orden, igual que la organización, es la base de una empresa.

> En el clamor del combate el jefe debe mantener la calma, y nunca será derrotado si, pese al continuo cambio de posiciones y al caos de la batalla, mantiene la calma.
>
> El orden y el desorden son sólo cuestión de organización. La línea que se interpone entre orden y desorden es la organización. La valentía y la cobardía son una cuestión de ímpetu; la fuerza y la debilidad son una cuestión de organización.

En todos los aspectos de la vida comercial, los directivos deben mantener la calma en el fragor de la lucha comercial. Tanto sea a la hora de vender, de emprender una campaña o de negociar en una mesa, la calma será decisiva. En una negociación comercial habrá continuos cambios de posiciones, en ocasiones parecerá reinar el caos, y la victoria será alcanzada por aquellos ejecutivos que sepan mantener la calma y la serenidad. No vencerá ni obtendrá unos mejores beneficios quien pierda la calma, quien se deje llevar por los nervios, quien no pueda superar los continuos cambios de estrategia. Nada está fijado, todo tiende a moverse y los sinergismos (aparición de un factor inesperado) son frecuentes. Así, hay que estar preparado y mentalizado de que un sinergismo puede aparecer en cualquier momento creando un caos o cambiando la situación en la campaña o negociación comercial. Sun Tzu advierte al respecto:

> Los que hacen moverse con pericia a los adversarios establecen órdenes de batalla que saben con seguridad que los enemigos van a seguir. Hacer mover a los enemigos con la perspectiva del triunfo, esperando que caigan en la emboscada.

¿Qué quiere decir con esto Sun Tzu? Quiere decir que si establecemos toda nuestra estrategia comercial de forma que nuestras acciones hagan mover a la competencia en la dirección que nosotros hemos planificado, nos estamos adelantado a los hechos, estamos planificando nuestros movimientos y los del adversario y, por lo tanto, estamos dominando la batalla ya que sabemos de antemano a dónde se dirige el adversario. Y esta estrategia puede servir igual para una campaña comercial como para una negociación comercial. En este segundo caso, una planificación adecuada de esta negociación conducirá al enemigo al terreno que nosotros deseamos, dónde ya hemos planificado alternativas, dónde tenemos preparada una nueva estrategia que nos llevará a la victoria.

Para conseguir la victoria a través de esta estrategia será preciso elegir a los directivos adecuados, a aquellos que sepan negociar con certeza, tal como explica *El arte de la guerra:*

> El jefe experto basa la victoria en la maniobra, no en al actuación de cada soldado. Tiene que saber escoger y seleccionar a los hombres adecuados para dirigir la maniobra. La fuerza del ímpetu hará su trabajo.

Hacer que los soldados luchen con fuerza de ímpetu. Así es como los troncos y las rocas permanecen inmóviles sobre la llanura. Los soldados se quedan fijos cuando son cuadrados, pero giran sin son redondos. Si se saben conducir con pericia ruedan montaña abajo como las rocas y los troncos.

Capítulo 22

Lo débil y lo fuerte, lo lleno y lo vacío

Nos encontramos en un nuevo eslabón de la batalla comercial. Si lo que esperamos de una negociación entre dos empresas o entre comprador y vendedor. Nuevamente aplicamos los consejos del maestro Sun Tzu.

> Llegar los primeros al campo de batalla significa encontrarse en posición descansada y serena aguardando al adversario. Los que llegan los últimos al campo de batalla se ven obligados a entrar en combate con precipitación y agotamiento.

Muchas reuniones comerciales o financieras se caracterizan por el hecho de que una de las partes llega primero al lugar de encuentro, mientras que la otra, en ocasiones, se retrasa ostensiblemente. Los que llegan primero es porque han organizado con tiempo su salida, han considerado los inconvenientes de los desplazamientos –tráfico, retrasos, imprevistos, etc.–, con lo que se presentan en el lugar con tiempo, permitiéndoles cierto reposo en el viaje, reconocimiento adecuado del lugar y acomodación en él escogiendo los lugares más adecuados; incluso pueden disponer de tiempo para repasar sus estrategias. Aquellos que llegan tarde llegan cansados por las circunstancias adversas del viaje y los nervios de la tardanza. Apenas tendrán tiempo para respirar y tendrán que enfrentarse de forma precipitada a los asuntos que les han llevado a dicha reunión. Por lo general, estos segundos grupos, llegan con precipitación, desorganizados, sacan de sus carteras los documentos sin poder ordenarlos debidamente y se ven superados por la serenidad y tranquilidad de la otra parte.

Si la reunión no se celebra en un lugar neutral, siempre es conveniente elegir un terreno conocido. Sun Tzu destaca sobre este aspecto:

> Los buenos jefes hacen que los demás vengan a ellos, y nunca van a combatir al campo del enemigo. Dejan que el enemigo se acerque cuando están preparados para combatir; evitan su proximidad si no están preparados.

Este consejo de Sun Tzu tiene diversas y variadas aplicaciones. Puede referirse al lugar de la negociación, pero también puede referirse a la forma de negociar. Estratégicamente se dice siempre que nunca hay que ir hacia el enemigo, sino conseguir que éste venga hacia nosotros, ya que hay que obligarle a luchar en nuestro propio terreno. Negociar en un lugar que se conoce implica ventajas, ya que se dispone de todos los apoyos necesarios cercanos. Se evitan desplazamientos y se pueden realizar reuniones paralelas que analizan el estado de la negociación. Negociar alejado, en el terreno del otro, siempre implica algún inconveniente. Aunque los medios informáticos pueden acercar cualquier tipo de documentación siempre está presente el factor humano. Por otra parte, en la negociación hay que procurar llevar siempre a los contrincantes al terreno que interesa, sin dejarse llevar por ellos hacia los aspectos y puntos que les interesan. Negociar con firmeza significa realizarlo sobre los asuntos en los que estamos preparados para negociar y en los que se cuenta con bazas suficientes para triunfar.

Pero, ¿qué es lo que hace que el adversario venga hacia nosotros o se repliegue en su terreno? Sun Tzu explica al respecto:

> Lo que impulsa a los adversarios hacia tu terreno es la perspectiva de ganar. Lo que los hace retraerse y permanecer en su terreno es la posibilidad de sufrir daños.

Es por esta razón que siempre hay que hacer creer al adversario que tiene posibilidades de ganar en las negociaciones. Este hecho los sobrecarga de confianza y los hace aceptar cualquier lugar de negociación ya que tienen confianza en el triunfo. Así, incluso aceptarán entrar en terrenos de diálogo o en áreas de negociación en donde nosotros estemos mucho más preparados. Si desde el principio no ven posibilidades de ganar en estas áreas nunca desearán negociar estos aspectos. Lo importante es no permitir nunca que el adversario negocie relajado, ya que esa actitud será ventajosa para él. Por esta razón Sun Tzu advierte:

> Se debe procurar que las acciones impulsen al enemigo a ponerse en tensión, de esta forma es posible cansarlo aunque esté muy descansado, hacerle pasar hambre aunque esté bien abastecido y cambiar de posición aunque esté bien asentado.

Las acciones que fomentan la tensión del adversario crean en ellos un estado de esfuerzo, nerviosismo e incertidumbre que provoca un agotamiento. Esta situación lleva a realizar movimientos que no estaban programados, con el fin de salir de la tensión. Los movimientos no programados siempre son favorables, ya que muestran que el adversario se está desplazando en las negociaciones por terrenos cuyas estrategias no había previsto. Si se lleva la negociación a un punto en que se está provocando tensión en el adversario, este querrá salir inmediatamente de la situación y buscará otros caminos u otros aspectos para negociar, pero lo hará precipitado por las circunstancias.

En ocasiones los cambios o los movimientos deben ser forzados de manera más drástica, *El arte de la guerra* lo ve de esta forma:

> Aparece donde no puedan ir y dirígete hacia donde menos se lo esperen. Ataca lo que no esté defendido. Defiende donde no haya ataque. El enemigo no sabrá dónde situarse para defenderse del atacante experto, ni dónde lanzar su ataque.

Esta máxima, llevada a cabo con habilidad en una negociación, terminará por inclinar la balanza a nuestro favor. Si se lleva la negociación a donde menos lo esperen se causará desconcierto. También debe atacarse aquellos puntos que se vean menos defendidos, y defender aquellos que el otro lado no ataca, ya que con esto se consigue confundir a la otra parte que, si tenía pretensiones ofensivas, no sabrá cómo utilizarlas.

Esta técnica también se puede emplear a la hora de lanzarse a una expansión comercial, volcando todos los esfuerzos en aquellos lugares que menos esperen los competentes y atacando las zonas que estén menos vigiladas.

En ocasiones, y especialmente en las negociaciones, hay que ser sutil y reservado, sin revelar los propios intereses, de forma que los adversarios se sientan inseguros. Sun Tzu lo ve de esta forma:

> Si eres sutil nadie puede detectar tu despliegue y llegas a aspectos que ni siquiera tienen forma. Sé misterioso y silencioso. Todo ello te permitirá dirigir el destino de tus adversarios. Avanza por los puntos débiles y no encontrarás resistencia. Para retirarte, sé más rápido que ellos.

Si se ha tenido ocasión de negociar con empresarios japoneses se habrá reconocido estos consejos de Sun Tzu. Los ejecutivos japoneses en ocasiones llegan a aspectos de la negociación por caminos cuya estrategia no ha sido detectada. Su actitud es siempre silenciosa y repleta de misterio. Hablan poco y no expresan cuáles son sus preferencias ni sus intereses, todo ellos se convierten en un misterio. Esta actitud permite dirigir la respuesta de los adversarios que, desconcertados, ofrecen posibilidades y evidencian sus intereses. Cuando uno conoce la postura de los demás, sus puntos fuertes y débiles, se puede atacar allí donde la resistencia es menor. Cuando la negociación lleva a un punto en el que parte de la estrategia va a quedar al descubierto, es mejor saber retirarse a tiempo y buscar otros caminos. Si la retirada se hace a tiempo no será advertida por la parte contraria.

De la misma forma, al abordar un nuevo mercado hay que penetrar por sus puntos más débiles, ya que en ellos no se encontrará ninguna resistencia. Si hay que retirarse de un mercado hay que hacerlo antes de estar derrotado.

A veces el enfrentamiento es inevitable. ¿Qué podemos hacer cuando no es posible evitar un enfrentamiento con un adversario?

> Cuando se decide combatir el adversario difícilmente podrá evitarlo, especialmente si se centra la batalla en sus posiciones vitales.
>
> Cuando no se quiera entrar en batalla el enemigo no conseguirá obligarnos a hacerlo, aunque se trace una fina línea en el terreno que nos resguarda, porque se habrá desviado el objetivo con una falsa pista.

Si se ha decido enfrentarse al adversario hay que hacerlo atacando sus posiciones más vitales. Si así se hace, difícilmente podrá rehuir a la batalla. Pero si se quiere rehuir el enfrentamiento no se debe luchar cuando el adversario ataca, sino que se debe realizar un cambio de estrategia para confundirlo y llenarlo de incertidumbre.

En cualquier negociación, en cualquier enfrentamiento hay que evitar que nuestros adversarios conozcan nuestras posibilidades, y tratar de que la otra parte muestre las suyas. Sun Tzu explica:

> Hay que conseguir que el enemigo descubra su despliegue, mientras le ocultamos el nuestro y permanecemos sin forma. De esta manera seremos fuertes y él débil.

Esta postura es semejante a la del empresario que llega a una mesa negociadora y su adversario le pregunta: ¿Y bien, cuál es su oferta? ¿Cuáles son sus condiciones? Al contestar a estas preguntas una de las partes está mostrando sus intereses, su despliegue, mientras que la otra oculta su postura, ya que no demuestra si quiere comprar, vender o si ni siquiera quiere negociar y sólo está interesado en conocer las posibilidades de su contrincante en el mercado.

En la batalla comercial hay que conseguir que los adversarios vean como extraordinario lo que es ordinario. De esta forma el adversario despliega sus efectivos, lo que permite concentrar el ataque contra él. Si nuestras estrategias están ocultas conseguimos que el adversario divida sus fuerzas y sus acciones para tratar de localizar nuestros puntos débiles.

Lo importante, en toda estrategia comercial, es la unidad. El equipo debe permanecer siempre unido, actuar con los mismos criterios y mostrarse unidos frente al adversario. Sun Tzu destaca:

> Si el ejército permanece unido y el contrario está dividido, siempre seremos muchos contra pocos. Si se logra concentrar grandes efectivos para atacar a unos pocos, el enemigo se verá en una situación muy comprometida.

Cuando se prepara la estrategia para enfrentarse a una reunión comercial o para expandirse a un nuevo mercado debe mantenerse en secreto cuáles serán, por un lado, los puntos que se atacarán y, del otro, en qué área del mercado se iniciará la campaña. De esta forma los adversarios o la competencia tendrán que mantener la guardia en más posiciones. Esto es lo que recomienda Sun Tzu:

> El enemigo no debe conocer dónde se piensa atacar, porque si desconoce este lugar tendrá que ocupar sus tropas en muchos puntos de vigilancia. En estos casos, al atacar, sólo se tiene que combatir con menos hombres.

Es sabido que difícilmente se puede estar en todos los lugares con una gran presencia, por ello hay que considerar que si se quiere reforzar todos los sectores de cualquier proyecto se debilitarán otros.

> Cuando la vanguardia está reforzada y preparada, la retaguardia es defectuosa. Reforzar el ala más débil significa debilitar la fuerte. Si se pretende reforzar todo el conjunto sólo se consigue debilitarlo.

Cuando una empresa es fuerte y está segura de sí misma no precisa efectuar preparativos contra sus adversarios. La fortaleza de una empresa se perfila viendo cómo los adversarios planifican estrategias contra ella.

> Es signo de debilidad efectuar preparativos contra el adversario. Es signo de fortaleza forzar al adversario a efectuar preparativos contra nosotros.

En cualquier acción comercial hay que conocer los planes de los adversarios o, si se quiere ver de otra manera, conocer las características de un mercado determinado al que se quiere llegar. Para ello hay que averiguar cómo son esos adversarios o ese mercado, hay que estudiar sus méritos y debilidades, o sus cualidades y necesidades. Se debe estructurar planes, preparar estrategias, detectar los puntos más vulnerables y los más difíciles para acceder. Sun Tzu recomienda:

> Haz tu valoración y averigua el plan de combate del enemigo para determinar qué méritos y debilidades, para saber qué estrategia puede tener éxito y cuál no. Incítalo a desplegar sus tropas para descubrir cuál es la solidez de su posición, de forma que ponga al descubierto sus puntos fuertes y sus puntos débiles.

En una negociación eso significa dejar que el adversario se mueva, dejar que haga sus ofertas o establezca sus condiciones. De esta forma se puede percibir en qué aspectos se siente fuerte y de cuáles rehuye porque son débiles. Todo ello ofrece la posibilidad de aplicar la estrategia precisa. Lo importante es que el adversario no vea una disposición definida, no sepa con exactitud cuál es la postura que tenemos: ser invisibles en nuestra forma. Como dice Sun Tzu:

> El punto final de la formación de ejército es llegar a la no forma. Huir de los modelos establecidos, de forma que ni el espía más camuflado podrá descubrirlo, ni el más experto de los estrategas será capaz de contrarrestarlo.

En este tipo de confrontaciones será muy importante no repetir las estrategias, ya que la victoria no acostumbra a ser repetitiva, sino que se adapta a las nuevas circunstancias que nunca serán iguales. Y esto está muy claro en *El arte de la Guerra:*

> Las formaciones de los ejércitos son comparables al agua que evita lo alto y se precipita por el valle; la senda de la victoria es evitar lo lleno y atacar lo vacío, esquivar los puntos fuertes y precipitarse sobre los débiles. Los ejércitos acoplan sus planes de batalla adaptándose al enemigo, igual que el agua no tiene forma constante y se adapta a la pendiente del terreno.
>
> La maniobra no ha de repetirse. Hay que acoplarse al enemigo y así se alcanza la victoria.

Todo ello quiere decir que no se deben seguir normas constantes, de la misma manera que el agua no sigue siempre los mismos cauces. Este último capítulo canónico de Sun Tzu termina recordando:

> Ninguno de los elementos —agua, fuego, tierra, metal y madera— ocupa una posición dominante; ninguna de las cuatro estaciones se perpetúa; unos días son cortos y otros largos; la luna crece y mengua.

Capítulo 23

La lucha, el combate

Vamos a ver cómo algunos consejos de Sun Tzu para la lucha armada pueden aplicarse al mundo de la empresa, las finanzas o el comercio. Los primeros movimientos de la lucha armada se refieren a la fase de preparación, que podríamos comparar al lanzamiento de un nuevo producto o a la conquista de un nuevo mercado.

> Cuando el mando del ejército recibe órdenes del soberano, reúne y concentra a las tropas acuartelándolas juntas. Las complicaciones surgen al intentar enderezar lo torcido.

Cuando los directivos reciben órdenes para poner en marcha una campaña reúnen a sus subordinados para analizar todos sus aspectos, prever problemas, ya que es más complicado enderezar lo torcido que iniciar todo de una forma recta.

Los principales problemas surgirán con las distancias como explica Sun Tzu:

> Las dificultades en la lucha están en hacer cercanas las distancias largas y convertir los problemas en ventajas. Cuando emprendas

la marcha después de otros debes llegar antes que ellos, consiguiendo con estrategia que las distancias sean cercanas.

Las distancias pueden interpretarse aquí como verdaderos puntos alejados, pero también como tiempo real. Así se puede iniciar una campaña sabiendo que la competencia también tiene el mismo objetivo y que ya se ha puesto en marcha para conseguir ese mercado o lanzar un producto. Es en estas circunstancias cuando todos los problemas deben convertirse en ventajas, ya que por los menos se conoce que el competente está en marcha. Lo importante es reducir los plazos y conseguir lanzar el producto antes que él. Algo que sólo se consigue empleando las estrategias adecuadas.

En ocasiones se puede distraer una parte de los efectivos, presupuesto o personal en lanzar una falsa campaña que haga creer al competidor que el camino elegido por la propia empresa es otro. Esto puede suponer una distracción para el adversario, incluso desviar su objetivo principal convencido de que no hay peligro, que no estamos interesados en ese mercado o no vamos a lanzar un producto similar.

En cualquier caso la movilización empresarial requiere medios y efectivos, igual que un ejército.

Lanzar a la acción a todo el ejército requiere tiempo y no es provechoso. Si se abandona parte del ejército se pierden medios. Si se avanza día y noche recorriendo el doble de la distancia habitual para alcanzar los objetivos, los jefes caerán prisioneros, los más débiles quedarán rezagados, los fuertes llegaran primeros pero cansados y sólo uno de cada diez conseguirá llegar a la meta final.

En ocasiones utilizar todos los recursos empresariales en una campaña, todo el personal, puede ser contraproducente, ya que requiere mucho tiempo y significa grandes gastos económicos. Pero si se deja parte de los recursos también se pierden medios. En cualquier caso hay que saber elegir en la justa medida. Si se quiere alcanzar un objetivo y se fuerza al personal a trabajar el doble de tiempo, puede que se consiga alcanzar el objetivo en las fechas previstas, pero con un personal cansado y debilitado, con bajas por el esfuerzo. En ocasiones es mejor marcar etapas, pero incluso estas significan perder ciertas ventajas.

> Si se marcan etapas de cincuenta kilómetros se perderá al jefe de vanguardia y sólo la mitad de los efectivos llegarán al final. Si son de treinta kilómetros, sólo dos de cada tres efectivos llegarán. Porque el ejército que carece de material y provisiones perecerá; al que le escasean las provisiones y el apoyo logístico está abocado al desastre.

Evidentemente cuanto más tiempo se emplee en la campaña más peligro existe de que los efectivos se cansen. Mayor rapidez significa menos tiempo realizando un esfuerzo. Pero vemos que también hay que tener en cuenta otros factores, como las «provisiones», que en el mundo empresarial equivalen a medios y dinero. Los medios comprenden los materiales y herramientas necesarias, así como el apoyo logístico de los asesores; el dinero es la fuerza económica necesaria para llevar adelante la campaña. Por lo tanto, hay que tener en cuenta, antes de iniciar cualquier acción empresarial, que ni los medios, ni los recursos económicos deben fallar, y que debe estar previsto hasta el más mínimo detalle.

Otro aspecto que aborda *El arte de la guerra* es las alianzas en terrenos que se desconocen.

> Si ignoras los planes de los estados vecinos, no puedes hacer alianzas con ellos, a menos que conozcas las montañas y los bosques, los desfiladeros y los pantanos. No conviene destacar tropas a menos que utilices guías locales, ya que, de lo contrario, no te moverás con soltura.

Cualquier operación comercial en el mundo empresarial, precisa conocer sus aspectos más profundos. Un empresario nunca debe lanzarse a un mercado que desconoce. Nunca se debe comercializar un producto en un mercado desconocido.

Tampoco se deben enviar representantes a la zona para realizar esa comercialización sin antes haber estudiado el mercado. Como bien dice Sun Tzu, es preciso «tener guías locales», comerciales que conozcan la zona.

Una vez se conoce el terreno o mercado, se puede iniciar la comercialización, pero aún será preciso evaluar los gastos y los beneficios derivados de la acción, y si conviene abrir una o varias delegaciones, aspectos que también recoge Sun Tzu.

> Utiliza el engaño, camufla tu base de operaciones, no te movilices sin antes evaluar los riesgos y los beneficios; dispersa y concentra tus tropas para adquirir posiciones ventajosas.

Y con una literatura más lírica *El arte de la guerra* destaca:

> Un ejército es como el viento, cuando se mueve con rapidez; es como el bosque, cuando va lentamente; es como el fuego, cuando asalta; es como las montañas, cuando está inmóvil; es como la sombra, cuando improvisa; y es como el relámpago y el trueno, cuando ataca.

Cuando se intenta conquistar un mercado hay que llegar a todos los lugares de este mercado, por lo tanto, cualquier concentración no es beneficiosa. Lo mejor es dispersarse por toda el área para ocupar puntos estratégicos. Pero antes deben evaluarse gastos y beneficios, recursos y pérdidas.

> Dispersa tus efectivos para saquear un lugar; dispérsalos para expandir tu territorio, pero evalúa los pros y los contras antes de entrar en acción.

Otro aspecto importante es la comunicación entre jefes y subordinados. Algunos aspectos importantes de *El arte de la guerra* pueden ser interpretados ingeniosamente en el ámbito de la comunicación empresarial. Veamos lo que dicen los textos del maestro oriental.

En el fragor de la batalla las palabras no son escuchadas, por eso el jefe se vale de címbalos y tambores. Cuando las tropas no pueden verse entre sí, hay que recurrir a las banderas de señales. Por la noche complementa todo ello con antorchas. Címbalos, tambores, banderas, estandartes y antorchas, se utilizan para coordinar los ojos y los oídos de los soldados.

Hoy en día los medios electrónicos permiten comunicarse con directores regionales, delegados, representantes, transportistas y personal auxiliar aunque estos se encuentren a mucha distancia. El teléfono, fijo o móvil, el fax o internet facilitan el contacto inmediato. Este contacto es necesario por múltiples razones: para controlar la situación, para aconsejar en los momentos que surgen problemas, para animar, para hacer comprender al personal que pese a la distancia hay un contacto permanente. El jefe se valdrá de mensajes, comunicados e informes que deberán circular en ambas direcciones. Todo ello dará una sensación de no estar alejado del centro neurálgico, de la fuente, y de tener siempre un apoyo logístico.

Con todo ello se consigue que todo el personal actúe al unísono, que nadie se quede aislado y que exista un ánimo permanente entre aquellos que están en los lugares más lejanos. Sun Tzu destaca:

> De esta forma se actúa al unísono: el valiente no se queda aislado en el ataque, ni el cobarde logrará desertar. Este es el arte de dirigir un gran ejército.

Cualquier acción comercial que se acometa tendrá horas de mayor impulso y horas de menor fuerza. En ciertas circunstancias están relacionadas con los biorritmos humanos. Por lo tanto, habrá que aprovechar los mejores momentos y tener en cuenta que este factor también afecta al adversario. Si ponemos como ejemplo una reunión comercial, habrá que considerar que la primera hora de la mañana será la más apropiada para realizar cálculos, para hacer números y planificar estrategias de pérdidas y beneficios. Las mejores decisiones se toman en las horas en las que el intelecto está más agudizado, es decir, a la una del mediodía. Se sabe que, desde primera hora de la mañana, las capacidades intelectuales se elevan progresivamente siguiendo la curva de la temperatura del cuerpo humano; todo este proceso se mantiene en un ritmo de crecimiento hasta la una del mediodía. En ocasiones se produce otro punto importante al atardecer. Sun Tzu, que como maestro chino ya debía de conocer las fluctuaciones del cuerpo humano tan seguidas por la medicina china, consideraba seriamente este aspecto, y, además, proponía utilizarlo para derrotar al contrincante.

> La energía de la mañana es elevada; al mediodía decae; al atardecer se retira. El experto en la guerra conoce estos factores y, por tanto, rehuye el combate cuando la moral de su enemigo es alta y ataca cuando sabe que la tiene baja.

El orden y la organización son factores predominantes en cualquier empresa, en cualquier acción que se lleva a cabo, por ello se insiste repetidamente en la necesidad de que no se pierdan. Los momentos más propensos a esa pérdida no son los momentos de tranquilidad, sino aquellos en los que se está llevando a cabo una campaña, un lanzamiento comercial, la apertura de nuevas sucursales la venta de nuevos productos. Son momentos en los que hay excitación y la mente debe mantenerse más fría que nunca.

En las negociaciones con otros grupos comerciales hay que mantener el orden, especialmente cuando el desorden del adversario se dispara, ya que en esos momentos se tiende a aprovechar la oportunidad de intervenir desordenadamente, sin embargo, es cuando el orden y la unidad deben ser más fuertes.

> Es necesario mantener el orden perfecto para neutralizar el desorden de las formaciones enemigas. Es necesario mantener la serenidad cuando hay excitación. El control mental es una prioridad.

Para el combate, *El arte de la guerra* ofrece reglas muy concretas que bien pueden ser aplicadas a la lucha contra la competencia.

> Elige un campo de batalla próximo para combatir a un enemigo que viene de lejos.
>
> Emplea tropas descansadas para combatir al enemigo que llega agotado.
>
> Utiliza tropas bien alimentadas para combatir al enemigo que está hambriento.
>
> No ataques a enemigos cuyas formaciones estén perfectamente ordenadas.
>
> No combatas cuesta arriba.
>
> Deja una salida a un ejército rodeado. No presiones a un enemigo desesperado.
>
> No te enfrentes a lo mejor de su ejército.
>
> No te dejes engañar por los señuelos.

Muchos de estos consejos pueden traducirse fácilmente al mundo comercial. Elegir un campo de batalla cercano, enfrentarse al que viene de lejos, recuerda la ventaja de contar con toda la infraestructura disponible para una confrontación, mientras que aquel que viene de lejos carecerá de ella.

Emplear siempre al personal más descansado contra aquellos que ya están agotados es sin duda una ventaja. Al hablar de bien alimentados podemos entender como bien pagados, con los mejores medios. Representantes bien pagados serán más eficaces a la hora de enfrentarse a una competencia mal pagada. Ya que los efectos morales repercutirán seriamente en el rendimiento de las ventas y el trabajo.

Indudablemente, y especialmente en las negociaciones, no se debe atacar cuando la otra parte es compacta y disciplinada. Tampoco se debe luchar nunca cuesta arriba, en contra de los gastos y arrastrando pérdidas. Del mismo modo, en la negociación siempre hay que ofrecer una salida a la otra parte. Nunca se debe acorralar a nadie de forma que no tenga salida, ya que eso le llevaría a enfrentamientos desesperados que no beneficiarían a ninguna de las partes. Dejar una salida significa no humillar al perdedor, aunque hay que procurar que esa salida la encuentre por sí mismo o que tenga la oportunidad de elegir.

Capítulo 24

Las cualidades del jefe

En su octavo capítulo canónico, Sun Tzu, aborda algunos aspectos esenciales que debe tener todo jefe. Se trata de aspectos que se refieren a su actitud ante las órdenes superiores, sus acciones inmediatas y sus cualidades personales.

> Una vez el jefe ha recibido órdenes de su soberano, concentrará su ejército. No establecerá su campamento en un terreno difícil. Establecerá contactos con sus aliados en las fronteras. Preparará planes de emergencia para cuando se halle en terrenos difíciles y luchará hasta la muerte en terrenos sin salida.

Comercialmente, esto quiere decir que cuando un jefe recibe instrucciones de dirigir determinada campaña o proyecto, deberá reunir al personal responsable para ponerle al corriente. Nunca establecerá las bases de cualquier acción en un terreno difícil, inseguro o problemático. También establecerá contacto con sus proveedores, suministradores, transportistas y delegaciones. Así mismo, deberá establecer planes de emergencia que prevean el fallo en los suministros, la fabricación, las entregas o las bajas en el personal. En los problemas que no ofrezcan salida se luchará hasta encontrar las soluciones óptimas, como si se tratase de la propia supervivencia.

Especialmente se tendrá en cuenta por dónde no deben ser enviadas las mercancías, qué persona debe mantenerse al margen, los lugares donde no se debe extender la campaña, etc. Qué líneas de mando se deben respetar y cuáles no.

> Hay caminos que no se deben utilizar; ejércitos que no se deben atacar; ciudades que no se deben asaltar; terrenos que no se deben disputar, y órdenes de gobernantes civiles que no se deben acatar.

Si un jefe es diestro sabrá aprovechar a todo el personal. Sabrá aprovechar las circunstancias, aunque estas sean adversas; incluso sabrá utilizar las áreas de expansión, aunque las desconozca.

> Los generales que conocen todas las circunstancias para aprovecharse del terreno también serán diestros en el empleo de la tropa. Si no sabe cómo adaptarse de forma ventajosa, aunque conozca el terreno a la perfección, no puede aprovecharse de él. Si no sabe aprovecharse de las circunstancias, tampoco sabrá sacar provecho de su ejército.

El jefe deberá considerar los aspectos positivos y negativos. Deberá analizar las circunstancias positivas que le permitirán llevar adelante el proyecto, la campaña o el lanzamiento de un producto, y su comercialización. Pero también deberá analizar las circunstancias negativas, ya que estas le permitirán prever los problemas, anticiparse a ellos y resolverlos con éxito.

> El jefe debe considerar tanto las circunstancias positivas como las negativas. El análisis de las circunstancias positivas le permitirá desempeñar con éxito su cometido. El análisis de las circunstancias negativas le permitirá resolver los problemas que se avecinan.

Toda consideración de análisis deberá tener en cuenta los beneficios y las pérdidas. Los adversarios temen las pérdidas y se motivan con el beneficio.

Sun Tzu destaca el perfil negativo que puede tener un buen jefe, los rasgos o atributos que pueden ocasionar problemas. Señala que estos atributos son cinco:

> Existen cinco rasgos que pueden ser peligrosos en los jefes. El insensato que está dispuesto a morir y desprecia su vida, con toda seguridad morirá. El pusilánime que quiere ante todo preservar su vida, con seguridad caerá prisionero. El temperamental que es proclive a la ira, caerá en responder las provocaciones. Los que son excesivamente pundonorosos, no soportarán la deshonra y el insulto. Los que son sensibles, pueden ser turbados.
>
> Estos son los cinco rasgos que desacreditan la personalidad de los jefes y se convierten en desastrosos para las operaciones militares. Así el soberano debe considerar seriamente estos factores a la hora de escoger al jefe de su ejército.

Estos rasgos se pueden comparar con los del directivo que está dispuesto a arriesgar toda la empresa para conseguir sus objetivos. El directivo que ante todo quiere salvar su imagen. El que es proclive a la ira y responde a todas las provocaciones que recibe. Los que no soportan sus errores, y los que se dejan llevar por su extrema sensibilidad y sentimientos. Todos ellos tienen unas características que pueden poner en peligro el buen funcionamiento empresarial. Todos ellos adolecen de las condiciones necesarias para asumir el mando de una campaña comercial o negociar operaciones importantes. Son los que corren riesgos innecesarios poniendo en peligro todo el sistema financiero, los que lo único que pretenden es salvarse de los posibles fracasos, los que responde a los retos sin realizar los análisis necesarios, los que nunca admiten sus errores, y los que son demasiados blandos y sensibles con el personal subalterno.

Capítulo 25

Características del combate

Algunos de los consejos que se ofrecen en el noveno capítulo canónico de *El arte de la guerra,* pueden ser interesantes como modelos para tomar diferentes actitudes en el mundo de los negocios. Evidentemente, estos consejos de Sun Tzu son especialmente de carácter militar y están muy relacionados con las características del combate, pero a pesar de ello, siempre se podrá extraer alguna enseñanza que sea aplicable al mundo del comercio, de los negocios y de las finanzas.

> Atraviesa las montañas e instálate en los valles. Levanta tu campamento en posiciones elevadas y soleadas. Cuando estés entre bosques no ataques cuesta arriba.

Las montañas son siempre lugares dificultosos, y evidentemente podemos compararlas a emprender negocios desde posiciones complicadas y llenas de dificultades. Esto nos lleva a concluir que cualquier negocio se debe emprender desde posiciones tranquilas, sin complicaciones y evitando siempre realizar esfuerzos que representen gran sacrificio económico difícil de superar.

Aléjate de los ríos. No te enfrentes al enemigo en el agua, deja que penetre él y entonces atácale. Si quieres combatir sitúate en terrenos elevados y soleados, cerca del río y siempre aguas arriba.

Cualquier acción comercial que se realice, cualquier negocio que se emprenda debe evitar los flujos peligrosos. Si uno se enfrenta con competidores hay que dejarlos que entren en esos flujos, mientras nosotros estamos en situaciones elevadas con la suficiente claridad para ver todo lo que acaece. Si en una negociación las conversaciones van por caminos complicados, evítalas y observa cómo son los adversarios los que se agotan en esos lugares.

Al atravesar marismas, hazlo por el camino más corto.

Al atravesar llanuras hay que situar las tropas en zonas despejadas, apoyando el ala más fuerte en terreno elevado, siempre que sea fácil de maniobrar.

Generalmente, un ejército prefiere un terreno elevado, un lugar con luz y donde haya innumerables recursos.

Si se están negociando las dificultades o los temas ásperos de un acuerdo, estas partes deben atravesarse lo antes posible. En plena negociación hay que instalarse en temas despejados, apoyándose en aquellas materias en las que se está más fuerte y disponiendo siempre de margen para cualquier maniobra. La claridad y los recursos son siempre una garantía.

No cruces un río cuando llueve y sus aguas son turbulentas. Si quieres pasar espera a que las aguas se calmen.

Abandona rápidamente los desfiladeros angostos y las simas profundas. Mantente alejado de estos lugares, pero haz que el adversario se encauce hacia este tipo de accidentes geográficos. Da la cara a estos accidentes, fuerza a tu enemigo a que los tenga a su espalda.

Es indudable que nunca se debe emprender un negocio cuando la situación es turbulenta. Lo preferible es esperar a que el mercado se calme. Nunca se empezará una campaña con una amenaza de huelga, o se intentarán realizar nuevas inversiones cuando una crisis se avecina.

Si una empresa se encuentra en un mercado que está en crisis o recesión, lo que debe hacer es abandonar ese mercado lo más rápidamente posible. Esto se puede aplicar a un país en crisis política, revolución o conflicto bélico. Hay que mantenerse alejado de esos lugares a menos que nuestros negocios tengan que ver con esa coyuntura, y dejar que la competencia se desgaste en ellos.

Escudriña constantemente los alrededores de tu eje de marcha, especialmente si avanzas por desfiladeros, lagunas o montes cubiertos de matorrales.

Avanzar, progresar en una empresa no quiere decir que se debe descuidar el entorno. Se deben vigilar los mercados cercanos, sobre todo cuanto más problemáticos sean estos, más atención requerirán.

Si el enemigo está próximo y, sin embargo, tranquilo, significa que está bien emplazado.

Si está lejano y, sin embargo, provocador, significa que desea que avances.

Cuando se negocia, si la otra parte está tranquila significa que está preparada, que dispone de bazas y recursos. Cuando incita a la provocación indica que desea que se hagan ofertas y se muestren condiciones.

Si está emplazada en la llanura, es que considera que te aventaja.

Si ha ocultado avanzadillas en los matorrales, significa que pretende engañarte.

Cuando en una negociación la otra parte se presenta abierta y predispuesta es que cree que tiene muchas más bazas y que puede vencer fácilmente. Cuando utiliza intermediarios para sondear el terreno, hay que desconfiar, ya que pretende conocer las posibilidades contrarias y, por lo tanto, siente inseguridad.

Si observas grandes polvaredas, es que avanzan los carros.

Si observas pequeñas polvaredas, significa que avanza la infantería.

Los que deciden en cualquier negociación se presentarán con gran pomposidad, los que sólo son intermediarios lo harán sin pompa.

Si se le presenta una ocasión ventajosa y, sin embargo, no la aprovecha, significa que está agotado.

Cuando en una negociación a la otra parte se le presenta una ocasión ventajosa y no la aprovecha, significa que no tiene recursos económicos para llevarla adelante.

Donde hay disturbios en las filas, la tropa no respeta al jefe o no lo toma en serio.

Cuando en otra empresa se aprecian disturbios entre el personal o los subalternos, la imagen evidencia que no existe un claro respeto a los directivos, o que estos carecen de carácter para evitar tales problemas.

Donde los estandartes se mueven, es que reina la confusión.

Cuando los directivos de una empresa cambian con demasiada frecuencia o sus funciones se cambian continuamente, se está evidenciando confusión. Ni los objetivos están claros ni el personal parece tener las cualidades que se desean.

Si sus emisarios muestran irritación, significa que están cansados.

Cuando una empresa quiere negociar con otra empieza por enviar algunos emisarios para proponer un encuentro. El análisis de estos emisarios puede reflejar la situación de la empresa. Así, los emisarios pueden acudir con alegría y optimismo, pero también puede llegar cansados, desmoralizados o faltos de confianza. En cualquier caso pueden ser el reflejo de lo que está sucediendo en el otro lado.

Sobre los jefes y sus actitudes se pueden obtener también interesantes datos. Sun Tzu destaca sobre ellos:

> Cuando el jefe se dirige a sus subordinados con voz tenue, dudosa y entrecortada, significa que ha perdido la confianza de sus hombres.
>
> Cuando un jefe reparte demasiadas recompensas siempre tendrá problemas. Un jefe que reparte demasiados castigos, tendrá dificultades graves.
>
> El jefe que es violento con sus subordinados y luego les teme es un inepto.

Muchos directivos reflejan la situación de las relaciones con el personal en la forma como se dirigen hacia ellos. La pérdida de confianza en la gente se materializa en las dudas y la falta de firmeza a la hora de dar órdenes. Si continuamente se tiene que estar ofreciendo recompensas o premios para estimular al personal, significa que estos no tienen interés en la empresa ni su futuro, y se corre el riesgo de que todo lo que se haga sin premios esté realizado con falta de interés. Pero si, contrariamente, se está penalizando al personal, se pueden acumular odios y estos acaban comportando que se actúe con malicia. Finalmente, si un jefe es autoritario y su actitud le lleva a temer a sus subordinados, como bien dice Sun Tzu, puede calificarse de inepto.

> En ocasiones no es necesariamente más beneficioso ser superior en fuerza, sino sólo evitar actuar con violencia innecesaria; basta con consolidar tu poder, hacer estimaciones sobre el enemigo y conseguir reunir tropas.

Esta máxima de Sun Tzu bien puede aplicarse a la política empresarial. Evidentemente, en ocasiones no es necesario ser el más poderoso del mercado o el líder en un sector. El mérito puede radicar en no producir gastos innecesarios, consolidar los recursos y el prestigio en el sector; y en realizar análisis sobre la competencia mientras se consigue ganar mercados.

> Si impones castigos a soldados que aún no te son absolutamente fieles, te desobedecerán. Si han dado pruebas de su fidelidad y descuidas la disciplina tampoco les podrás mandar. Trátalos con deferencia para conservar su fidelidad, impón una constante disciplina para que nunca te desobedezcan. Esto significa una victoria segura.

Imponer sanciones a quienes no han mostrado una fidelidad clara en la empresa, significa acrecentar su desobediencia. Pero si la fidelidad es clara y se olvida la disciplina, tampoco se podrá dirigir adecuadamente. Quiere decir ello que un jefe debe tratar a su personal con deferencia, manteniendo siempre la distancia entre jefe y subordinado, haciendo valer la necesidad de una disciplina y obediencia en las órdenes.

> Las órdenes deben impartirse siempre de manera consecuente en cualquier circunstancia, guerra o instrucción. Si ello se efectúa de este modo, la tropa se acostumbra a obedecer. Si las órdenes son injustas crearán insatisfacción hacia el jefe; si son justas crearán lazos de unión entre jefes y subordinados.

Un directivo debe ser muy consecuente en el momento de impartir órdenes a sus subordinados. Ser jefe no quiere decir que se puedan impartir órdenes injustas o caprichosas. Las órdenes deben ser siempre consecuentes en cualquier ámbito de la empresa, si es así, se consigue una obediencia y lealtad hacia el mando.

Capítulo 26

El terreno versus mercado

El terreno del combate es perfectamente comparable con el mercado en el que se va a lanzar un producto, el mercado que se pretende conquistar. No todos los mercados son iguales, y un producto que triunfa en uno concreto y determinado puede fracasar rotundamente en otro. Para el maestro Sun Tzu existen seis tipos de terrenos que compararemos con seis clases de mercados.

> Existen los siguientes tipos de terrenos: accesible, engañoso, neutro, fortificable, fuerte y distante.
>
> Un terreno es accesible cuando cualquier rival lo puede ocupar fácilmente. Entre dos contendientes vencerá el que se haga dueño de los puntos más altos y soleados, y tenga aseguradas sus líneas de abastecimiento.

Un mercado accesible es aquel al que cualquiera puede acceder con facilidad. Indudablemente, dominará este mercado quién consiga sus puntos más importantes, en los que sus productos se expongan con mayor claridad. Será de vital importancia tener asegurado el abastecimiento y la reposición a través de canales debidamente organizados.

Un terreno es engañoso si permite el avance, pero dificulta el repliegue. Se podrá vencer al enemigo si se ataca cuando no esté preparado. Pero si está preparado no lograrás derrotarlo y tendrás dificultades para replegarte.

Consideraríamos un mercado de este tipo aquel cuyo acceso es fácil y permite vencer a la competencia si la campaña se realiza aprovechando el momento en el que esté desprevenida, cuando no espere nuestra presencia o acceso a ese mercado. Pero este tipo de mercado puede ofrecer dificultades si la competencia está alertada de nuestras intenciones y contrarresta nuestra campaña. La retirada de un mercado de este tipo puede representar pérdidas sustanciosas.

Un terreno es neutro cuando no beneficia a ninguno de los dos contendientes. No se debe entablar combate en un terreno neutro, sino abandonar la posición y retirarse. Si el adversario decidiera perseguirnos, puede ser beneficioso atacarle.

Entenderíamos como mercado neutro aquel en el que cualquier campaña da como resultado escasos o nulos beneficios, tanto pierde nuestra empresa como la competencia. Es, por ejemplo, un mercado en el que nuestros productos no tienen interés. Por ejemplo, un mercado en el que la venta de películas de vídeo, carece de sentido al contar con un porcentaje muy bajo de reproductores en los hogares. Indudablemente nunca se debe entablar un combate con la competencia por un mercado de estas características.

Un terreno fortificable es aquel donde el primero que llega se instala atrincherado y espera la llegada del adversario. No se debe atacar cuando el enemigo está fortificado, pero se debe atacar cuando todavía no se ha atrincherado.

Esto es, un mercado en el que uno puede implantarse en diferentes puntos de venta y conseguir delegaciones y representaciones. En este tipo de mercados no se debe lanzar campañas si la competencia domina todos los puntos de venta, pero si no ha conseguido copar el mercado cabe la posibilidad de introducirse en él.

> Un terreno fuerte es aquel donde el primero que llega ha de situarse en las alturas soleadas y esperar al adversario. Si el enemigo lo ocupa antes debemos abandonarlo, emprender la retirada y no entablar combate.

Entenderíamos como un mercado fuerte aquel donde la competencia ya se ha instalado y ha copado los mejores puntos de venta. Ante una situación de estas características es difícil introducirse en un mercado así. Si sigue el consejo de Sun Tzu, lo mejor es abandonarlo y no intentar una confrontación, a no ser que se disponga de muchos medios económicos.

> Un terreno distante es aquel que está lejos del ejército enemigo. Si las fuerzas están equilibradas el enemigo no se acercará, tampoco será beneficioso avanzar hacia sus posiciones.

Un mercado distante, lejano de la competencia, puede ser interesante siempre que se cuente con los medios para abastecer a ese mercado. Una vez instalados en ese mercado difícilmente se acercará la competencia.

De una forma genérica hemos vistos varios tipos de mercados realizando una símil con los terrenos de combate presentados por Sun Tzu. A continuación el maestro chino habla nuevamente de las cualidades de los jefes y de su relación con la tropa, circunstancia que aprovecharemos para realizar un símil entre directivos y personal.

> En la guerra se producen desbandadas, motines, rebeliones y desastres. Ninguna de estas circunstancias obedece a causas naturales, son consecuencia los fallos de los jefes que mandan.

En toda empresa, durante las campañas en nuevos mercados se producen dimisiones o bajas de agentes, comerciales o delegados que se pasan a la competencia. Si nos atenemos a las palabras de Sun Tzu, ello se debe a fallos de los directivos, a una escasa experiencia y al poco dominio de la situación. Pero analicemos estas causas con más detalle.

> Se originan rebeliones cuando oficiales pusilánimes mandan hombres aguerridos.

Entendemos que pueden originarse rebeliones cuando se pone a directivos apocados y medrosos al frente de un personal avezado, experimentado y veterano. Es indudable que un personal de vendedores, representantes o comerciales, precisa directivos con gran experiencia y duchos en la materia.

> Cunde la desmoralización, cuando oficiales aguerridos mandan a soldados bisoños.

Pero también puede desmoralizarse a los directivos cuando descubren que el personal que se les ha designado para realizar una determinada campaña o labor carece de la menor experiencia.

> Se producen desastres cuando existe insubordinación entre los mandos intermedios, que encolerizados e impulsivos, se enfrentan al enemigo por propia iniciativa, sin autorización previa, desconociendo sus generales la situación global de su ejército.

El desastre se produce cuando los jefes intermedios toman decisiones por su cuenta sin consultar a los directivos. En ocasiones estas actitudes se hacen por despecho hacia sus mandos superiores y con el fin de querer demostrar su capacidad. Estos casos pueden llevar a situaciones desastrosas, ya que ellos no poseen toda la información que tienen sus superiores. Es como si un representante de bolsa vende o compra acciones sin consultar a sus superiores que tienen informaciones más privilegiadas sobre los valores que se están moviendo.

> Un ejército será un caos cuando su jefe sea débil y carezca de autoridad. Cuando sus órdenes no son claras, cuando su liderazgo sea discutido por los oficiales y la tropa carezca de disciplina.

Un departamento empresarial, una sección de unos grandes almacenes o una línea de producción puede ser un caos cuando su director carezca de autoridad. Si el director no sabe dar órdenes o si las que da carecen de claridad, sus jefes inmediatos empezarán a cuestionar su capacidad y experiencia, este factor repercutirá en el resto del personal que siempre está atento a esta clase de incidentes. El director será cada vez más cuestionado y terminará siendo desobedecido por jefes y personal subalterno.

> Un desenlace será catastrófico cuando el jefe, incapaz de evaluar al adversario, ordene a una pequeña unidad que entable combate contra otra mayor, encargue a sus fuerzas más débiles que hagan frente a las mejores del enemigo.

Podríamos comparar este punto con el símil del directivo que es incapaz de evaluar costes y gastos, enfrentándose a una campaña sin considerar estos aspectos y sólo dedicando una pequeña partida que rápidamente quedará desbordada. Como el director de unos grandes almacenes que inicia una campaña de ofertas en una de sus secciones y sólo destina a esa sección un pequeño grupo de vendedores que se ven desbordados por el público.

En cualquiera de los dos casos se produce un desenlace catastrófico que debe ser corregido inmediatamente. Sun Tzu analiza de nuevo del terreno y su relación con los jefes.

> El terreno es el aliado del estratega. Evalúa la situación del enemigo, proyecta maniobras que conduzcan a la victoria, analiza

las distancias. El que combate con pleno conocimiento de estos factores, vencerá. El que no evalúa estos factores, será derrotado.

El directivo que quiere conquistar un mercado evaluará la situación de la competencia en ese mercado, proyectará campañas y analizará líneas de suministros. En pocas palabras, realizará un profundo análisis de marketing de ese mercado antes de intentar conquistarlo. Sin estos análisis lo más seguro es que fracase en el intento.

El jefe que avanza sin pensar en su fama ni su medro personal y se repliega sin temor al castigo; se preocupa por defender a su pueblo y proteger los intereses de su soberano, es el mayor tesoro de su patria.

Este apartado podría ser comparable al directivo que hace progresar la empresa sin buscar con ello otorgarse méritos. Este tipo de directivo que sólo piensa en proteger los intereses empresariales y defender la perpetuidad de la empresa tampoco teme a los fracasos, ni a ser amonestado cuando fracasa en algún proyecto o se ve necesitado de retirar una campaña, ya que sus superiores valoran muy peculiarmente sus características de tesón, esfuerzo y entrega a la empresa.

> Este jefe cuida a sus soldados como si fueran niños, por esto están dispuestos a seguirlo hasta los valles más intricados. Cuida a sus soldados como si fuesen sus propios hijos bienamados, por eso están dispuestos a morir a su lado.
>
> Pero si es amable con los soldados y estos no siguen sus órdenes, si los complace y no le obedecen; si no es capaz de disciplinarlos, esos soldados serán como niños mimados que se convertirán en inútiles en el combate.

Si un directivo cuida al personal con respeto y atención se verá recompensado con su lealtad y emprenderán con él cualquier tarea, por dura que sea. Si los trata como parte de su familia estarán dispuestos a seguirle a cualquier precio.

Pero si es amable con ellos y no siguen sus órdenes, si los complace en todo lo que solicitan y no obedecen; si no es capaz de mantener una disciplina, ese personal no le servirá de nada en el momento de tomar decisiones, de emprender campañas, de abrir nuevos mercados, de vender productos, etc.

> El jefe que sabe que sus soldados están capacitados, pero no sabe que el enemigo no está en condiciones de ser atacado, tiene sólo la mitad de las posibilidades de vencer. Si sabe que el enemigo es vulnerable, pero ignora si sus soldados son capaces de atacar, sólo tiene la mitad de las posibilidades de ganar. Si sabe que el enemigo es vulnerable y que sus soldados pueden llevar a cabo el ataque, pero el terreno es desfavorable para la batalla, también tiene la mitad de las posibilidades de vencer.

Siguiendo esta norma de Sun Tzu diríamos que un directivo que sabe que su personal está capacitado para lanzar una campaña comercial, pero desconoce la capacidad de respuesta de la competencia, sólo tendrá el 50 % de posibilidades de triunfar. Si sabe que la competencia es vulnerable en ese momento, pero desconoce la capacidad de respuesta de su personal, también tendrá el 50 % de posibilidades de triunfar. Si sabe que la competencia es vulnerable y que su personal está capacitado, pero desconoce el mercado y sus características, se encontrará nuevamente con el 50 % de posibilidades de triunfar.

El último consejo del décimo capítulo canónico de *El arte de la guerra,* es categórico.

> Evalúa al adversario, evalúate a ti mismo, y la victoria nunca será un peligro. Evalúa el terreno, evalúa el entorno, y la victoria será inagotable.

Es decir, analiza a la competencia, y analiza tus posibilidades y recursos; analiza el mercado y las zonas de su entorno y el triunfo está asegurado.

Capítulo 27

Las diferentes clases de terreno versus mercados

Sun Tzu considera la existencia de nueve clases de terrenos donde pueden realizarse las operaciones militares. Trataremos de encontrar el símil de estos terrenos en los mercados a los que puede acceder una empresa.

> Existen nueve variedades de terreno: dispersante, fronterizo, polémico, comunicado, de confluencia, vital, difícil, de encrucijada y sin salida.
>
> El terreno dispersante es aquel que, situado en el interior de nuestro propio territorio, favorece la deserción de las tropas.

Entenderíamos un terreno así, como aquella zona de un mercado que favorece que los delegados, representantes, personal o agentes se pasen a la competencia. Si esto sucede se deben analizar las causas que por lo general son debidas a la oferta de mejores condiciones por parte de la competencia. En tal caso habrá que revisar las condiciones económicas del personal, así como sus condiciones laborales o la relación con sus jefes inmediatos.

El terreno fronterizo es aquel que sólo permite una pequeña penetración en la zona enemiga.

Nos estaríamos refiriendo a un mercado en el que la competencia está asentada y domina los principales puntos de venta de forma exclusiva. A este tipo de mercado sólo se podría acceder tomando una pequeña parcela e ir intentado una penetración lenta y laboriosa a base de mucho tiempo.

El terreno polémico es aquel cuya ocupación beneficia por igual a los dos contendientes.

Así, un mercado polémico sería aquel en el que tanto la competencia como nuestra empresa controla al cincuenta por ciento.

El terreno comunicado es el que permite el fácil acceso de los dos contendientes.

Un mercado de estas características es aquel en el que tanto la competencia como nuestra empresa tiene facilidad de distribución de sus productos.

El terreno de confluencia es aquel que es punto de intersección de fronteras de varios países. Esta variedad de zonas garantiza alianzas beneficiosas al primero que las ocupe.

Hablamos de mercados en los que se puede llegar a realizar alianzas con empresas similares para asegurar la distribución de nuestros productos. Indudablemente el primero que accede a este mercado será quién tendrá más ventajas para contactar y realizar asociaciones u ofrecer representaciones.

El terreno vital es aquel situado en el corazón del país enemigo, que una vez ocupado, obliga al adversario a ceder sus principales fortaleza.

Así, un mercado vital podría considerarse un mercado de la competencia en el cual se ha logrado instalar, comprar o negociar con puntos de venta céntricos. Obteniendo, por ejemplo, unas franquicias que la competencia no puede cambiar.

> El terreno difícil es alto y escarpado, abundan los estrechos, barrancos, marismas, pantanos y entorpecen los movimientos de las tropas.

Estaríamos hablando de un mercado con grandes dificultades de acceso, distribución e instalación. Donde existe inseguridad política o hay signos de crisis e inflación.

> El terreno de encrucijada es aquel que exige atravesar angostos, en el que no hay un escape posible y el enemigo puede tender emboscadas.

Se trataría de un mercado cuya penetración exige grandes esfuerzos económicos y en el que, en caso de fracaso, las pérdidas serían cuantiosas, sin posibilidad de ser recuperadas.

> El terreno sin salida es aquel en el que sólo luchando hasta la muerte se consigue sobrevivir, y donde la derrota significa la aniquilación del ejército.

En este caso sería un mercado en el que la empresa tiene que invertir todos sus recursos, y sólo se puede salir triunfante, ya que el fracaso significa la ruina.

Sun Tzu resume su consejo para todos estos terrenos de la siguiente forma:

> No combatas en terreno dispersante. No permanezcas en terrenos fronterizos. No ataques en terreno polémico. No dejes que te intercepten en terreno comunicado. Firma alianzas en terrenos de confluencia. Aprópiate de los recursos del adversario en terreno vital. Aléjate del terreno difícil. Haz planes de emergencia en te-

rreno de encrucijada. Lucha hasta el final si estás en un terreno sin salida.

A continuación veamos otros aspectos que expone este capítulo canónico de *El arte de la guerra,* y que pueden ser de utilidad en el mundo empresarial.

> La rapidez en la acción es esencial. Elige objetivos fuera del alcance del enemigo, dirígete a ellos por caminos que no esperen, y ataca cuando no estén preparados.

La rapidez se convierte en algo esencial en cualquier operación comercial. El lanzamiento de un producto o una campaña requieren efectuarse con rapidez para sorprender a la competencia, y eso también atañe a la rapidez en la distribución. En ocasiones se deben elegir mercados que no estén al alcance de la competencia y abordarlos con genialidad y nuevas ideas.

> Cuanto más te adentres en terreno ajeno, más cohesión tendrán las tropas y más difícil se hará expulsarte.

Cuanto más se conquiste un mercado de la competencia, más asegurada estará la victoria por dos razones: los propios comerciales se sentirán cada vez más seguros, existirá un espíritu mayor de triunfo al ver que las ventas aumentan, y a la competencia le será cada vez más difícil recuperar los puntos de venta perdidos.

> Elige los campos fértiles del enemigo y las tropas tendrán abundantes provisiones.
>
> Cuida de la alimentación y salud de tu tropa, no la sometas a fatigas innecesarias, eleva su moral.

Al penetrar en un nuevo mercado hay que buscar aquellos puntos de venta que sean más fuertes, de esta forma los comerciales podrán vender grandes cantidades, dispondrán de buenas comisiones y se alentarán por estas circunstancias.

Hay que cuidar bien los sueldos, las comisiones y los gastos de los representantes, ser puntual en los pagos y generoso, esta circunstancia elevará su moral. No se les debe exigir fatigas innecesarias cuando las ventas funcionan.

> Haz que los movimientos de tus tropas y los planes no puedan ser conocidos nunca por el enemigo.

Los desplazamientos hacia nuevas áreas de venta, los planes futuros y las circunstancias generales de una campaña deben ser secretas. La competencia nunca debe conocer esos detalles, ya que podría adelantarse o entorpecer nuestra propia campaña.

> Los jefes expertos logran la cooperación de sus soldados, de manera que el más pusilánime de los soldados se comporte de igual forma que el más valiente de ellos. Porque el jefe experto dirige su tropa como si llevase cogido de la mano a cada uno de los soldados. De esta forma, cada soldado no tendrá más opción que seguir a su jefe.

Un director profesional consigue siempre la cooperación de su personal cuando emprende cualquier proyecto o campaña. Consigue que incluso el más indiferente de los empleados se vea arrastrado por todos los demás y se comporte como ellos. Esto lo consigue personalizando su trato con cada uno de ellos, impartiendo órdenes de una forma persuasiva y personal.

> Corresponde al general ser tranquilo, reservado, justo y metódico.

Sun Tzu enumera las virtudes de un gerente o director general. Su actitud serena que incite a la calma y no a la violencia descontrolada; su carácter reservado que marque las distancias con el resto del personal; su actuación justa en todos los problemas y conflictos; y su acción metódica y constante que asegure una continuidad de la acción.

Esta actitud permite, según el maestro chino, las siguientes acciones:

> Ocultar los más íntimos pensamientos de manera que nadie pueda conocerlos. Cambiar de actitud y alterar planes sin que nadie pueda anticiparse.

Pero esta actitud no es suficiente y Sun Tzu insiste, hasta la saciedad, en la necesidad de analizar y estudiar las situaciones.

> El jefe prestará mucha atención al análisis de las variedades de terreno, al beneficio de maniobrar con flexibilidad, y a las pautas que rigen la conducta humana.

Es decir, analizará cuidadosamente los nuevos mercados y sus posibilidades; estudiará las posibilidades en función de los beneficios económicos que puedan ofrecer, y considerará las pautas de la conducta de sus subordinados que le indicarán su capacidad y profesionalidad para hacerse cargo de los proyectos que les encomiende.

Siguiendo con los diferentes tipos de terrenos, en nuestro caso mercados, Sun Tzu determina una serie de reglas para conquistarlos:

> Es prioritario levantar la moral de la tropa en terreno dispersante. Concentrarlas en terreno fronterizo. No detenerse en terreno polémico. Confirmar alianzas en terreno comunicado. Vigilar la lealtad de los vecinos en terreno de confluencia. Apresura la marcha en terreno difícil. Ocupar puntos de entrad y salida en encrucijadas. Luchar a muerte en terrenos sin salida.

En un mercado «prioritario», propicio a deserciones de personal, hay que levantar la moral del equipo. En un mercado «fronterizo», donde la competencia está asentada y es dominante, hay que concentrar grandes esfuerzos económicos y humanos si se quiere vencer. En un mercado «polémico», donde se está en paridad con la competencia, no cabe posibilidad de detenerse en la lucha. En un mercado «comunicado», que es de fácil acceso para la competencia, hay que reforzar las alianzas con los representantes o los puntos de venta. En un mercado de «confluencia», donde se pueden hacer alianzas y establecer franquicias, hay que vigilar la lealtad de los acuerdos. En un mercado «difícil», donde existen graves problemas de crisis, inflación o políticos hay que abandonar lo antes posible a no ser que dichas circunstancias nos beneficien. En un mercado de «encrucijada», que requiere grandes esfuerzos económicos, conviene asegurar la retirada sin pérdidas. En un mercado «sin salida», dónde fracasar es quebrar, hay que luchar hasta al final.

Sun Tzu continúa al respecto:

> Si no conoces los planes del enemigo, no puedes preparar tus alianzas. Si ignoras la configuración del terreno, no debes destacar tropas ni maniobrar en él. Si no dispones de guías locales, no podrás moverte con soltura. Si descuidas una sola de estas advertencias, no serás eficaz en el combate.

Volvemos a la necesidad de disponer de una buena información sobre la competencia para poder preparar establecer contratos, delegaciones y franquicias. El mercado se debe conocer antes de enviar a agentes comerciales y vendedores. Y, ya se ha dicho en otras ocasiones, que es conveniente utilizar personal introducido en ese mercado que servirá de guía y facilitará información adecuada.

> Coloca tus tropas en una situación de posible exterminio, y entonces lucharán para vivir. Ponles en peligro de muerte, y entonces sobrevivirán. Cuando las tropas afrontan peligros, son capaces de luchar para obtener la victoria.

¿Puede aplicarse esta última máxima de Sun Tzu al personal de una empresa? La realidad es que, en ocasiones, las empresas afrontan riesgos en los que el fracaso en una campaña comercial o en la conquista de un mercado puede producir una situación de quiebra. Un descenso de ventas, por las causas que sean, puede significar también una quiebra empresarial. ¿Debe saber el personal esta circunstancia? Muchos empresarios lo creen necesario. En circunstancias de estas características se debe informar al personal de que el fracaso significa la quiebra. Ante esta coyuntura el personal luchará para conseguir el triunfo con todo su esfuerzo; ante el peligro eminente se reforzará la atención en no cometer fallos, en no fracasar en los objetivos, etc. Indudablemente no debe usarse esta estrategia si no existe un peligro real, ya que podría convertirse en la historia del lobo, y cuando un día viniese de verdad nadie lo creería.

Capítulo 28

El combate mediante el fuego

Sun Tzu dedica su doceavo capítulo canónico al ataque mediante el fuego, o el combate incendiario. Nuevamente realizaremos un símil para poder aprovechar algunos de los consejos del maestro chino.

> Hay cinco modos de ataque con la utilización del fuego: quemar a las personas, quemar los suministros, quemar el equipo, quemar los almacenes y quemar las armas.

Indudablemente y de una forma comercial no se va prendiendo fuego a la competencia, pero sí «atacando» aspectos de ella para poder ganarle mercados. Para nosotros, siempre dentro del símil, las personas serán los representantes, los suministros serán los distribuidores, los equipos serán el personal; los almacenes, las delegaciones; y las armas, los productos de la competencia.

El ataque sobre los representantes no será un enfrentamiento directo contra ellos, ni un sondeo para tratar de captarlos. El ataque consistirá en dar a nuestros representantes, nuestros comerciales o nuestros agentes, un estilo diferente al que utiliza la competencia. Es decir, una mejor presentación, un servicio más eficaz, una atención más cuidada hacia el cliente, un repertorio de regalos o detalles más atractivo, etc.

El ataque a los suministros debe convertirse en una mejora de nuestra distribución con respecto al servicio que ofrece la competencia. Eso significa entregas más rápidas, servicio más efectivo, atención al cliente en los encargos, facilidad en la recepción de las mercancías.

El ataque a los equipos lo vemos como el servicio que tiene que dar nuestro personal. Un servicio que tiene que ser mejor que el de la competencia en cuanto a profesionalidad del personal, simpatía, atención al cliente, amabilidad en el trato, buena presencia, cultura y facilidad de expresión.

El ataque a los almacenes lo traspasamos a las delegaciones que abriremos en el nuevo mercado. Estas delegaciones tienen que pugnar con las de la competencia. Deben estar mejor situadas, ser más modernas, más acogedoras y disponer de toda la infraestructura necesaria.

El ataque a las armas se materializa en el producto que se vende. No es necesario menospreciar el producto de la competencia, no es necesario mostrar sus defectos, sino destacar las virtudes de nuestro producto: sus ventajas, su mejor calidad, su presentación, su precio en función de su calidad, su rapidez en ser servido y sus condiciones de venta.

Sobre el ataque con fuego Sun Tzu destaca:

> En el ataque con fuego es imprescindible seguir los cambios producidos por este.

Evidentemente todas las estrategias que hemos mencionado anteriormente requerirán un seguimiento específico, ya que producirán cambios que se deberán evaluar; cambios que si no son efectivos se deberán modificar; cambios que pueden ser benéficos y en algunos casos contraproducentes. No se tratará de seguir exclusivamente los cambios que se producen en el funcionamiento de nuestra empresa, sino también la reacción de la competencia, que también iniciará operaciones semejantes para contrarrestar el «ataque con fuego».

> Los ejércitos han de conocer que existen variantes de las cinco clases de ataque mediante fuego, y adaptarse a esta manera de actuar.

Indudablemente, el personal debe estar al corriente de estos tipos de estrategias, es más, debe de estar formado y preparado para emplear estas estrategias. Por ello, ante todo, se precisará una buena formación del personal, para poder tratar al cliente de la forma adecuada, para atenderle debidamente en sus pedidos y reclamaciones y ofrecerle todas las ventajas del producto que se vende.

> Vencer en el combate sin recompensar a los que han hecho méritos trae mala suerte. Un buen mando militar tiene que recompensar el mérito de la victoria.

Cuando una campaña de lanzamiento y la venta de un nuevo producto han sido un éxito hay que recompensar a los que han conseguido con su esfuerzo esa victoria. Esta recompensa se puede materializar en un aumento de salarios.

Finalmente, Sun Tzu explica:

> Un soberano no moviliza sus tropas en estado de ira. Un jefe no batalla con cólera. Se actúa cuando se es necesario. El soberano muestra prudencia ante la guerra, y el jefe actúa con precaución. Un país destruido no logrará resurgir, ni sus muertos resucitar.

Capítulo 29

Las fuentes de información

En *El arte de la guerra* se habla de espionaje, en el mundo del comercio —aunque existe el espionaje industrial y comercial— es mejor hablar de fuentes de información. Las fuentes de información comercial son aquellas que facilitan conocer un determinado mercado, pero también saber cómo opera la competencia en ese mercado, qué condiciones ofrece a sus clientes, qué rebajas les hace en los productos, qué precios tiene, etc. Toda esta información facilita poder acceder a un mercado con precios competitivos y en condiciones de igualdad, como mínimo, con la competencia. Así, al hablar de espías y de espionaje comercial o industrial no hay que comprender dicha estrategia sólo como una apología al empleo de detectives privados para robar a la competencia la fórmula de su último producto, una práctica que está penada por la ley. Al hablar de espías lo haremos en el sentido de obtener información comercial sobre la competencia, sus mercados, su situación; datos que en muchas ocasiones son públicos y aparecen en revistas del sector. Tampoco entendemos como espionaje industrial o comercial el averiguar los precios de la competencia y las condiciones que ofrece a sus clientes.

> Lo que posibilita a un gobierno y a un mando militar vencer a los demás y lograr triunfos imponiéndose al adversario en cada lance, es la información previa. La información previa no se obtiene con invocaciones a espíritus, ni consultando los astros. Debe obtenerse empleando a personas que conozcan y estén al corriente de la situación del enemigo.

Para competir en un nuevo mercado o para negociar con la competencia fusiones, acuerdos comerciales, ventas o compras, se precisa tener una información previa. Un directivo no se puede sentar en una mesa de negociación sin conocer la situación económica, empresarial y comercial de su opositor. No se puede intentar conquistar un nuevo mercado sin saber las delegaciones que tiene la competencia, los almacenes, las franquicias y las relaciones con su clientela.

Estas informaciones no aparecen publicadas, aunque en ocasiones, a través de los colegios oficiales, cámaras de comercio o revistas financieras, se puede obtener algunos datos de la competencia y calibrar su posición. Pero algunas cuestiones concretas no aparecen en revistas ni las tienen los centros citados. Pueden tratarse de datos específicos de costes de fabricación que permiten lanzar al mercado un producto a un precio increíble; datos sobre las condiciones de venta a los clientes que hacen que estos se inclinen a comprar más ese producto porque pueden pagar en plazos muy ventajosos. Estos datos sólo pueden obtenerse a través de personas que los investigan, que obtienen de otras personas datos sobre costes de fabricación, o de clientes de confianza que les revelan las condiciones económicas de la competencia.

En ocasiones, saber si la competencia se encuentra en una situación económica apurada es de vital importancia si se está negociando la compra de parte de sus acciones, maquinaria, almacenes, derechos, etc. No es lo mismo querer vender sin prisas, que tener la necesidad de vender urgentemente. En el segundo caso el precio de venta lo puede imponer el comprador.

Lo importante es disponer de personas de confianza que puedan facilitar la información necesaria en el momento oportuno. Sun Tzu llama, en el ámbito bélico, espías o agentes a estas personas y explica que pueden existir cinco clases.

> Se distinguen cinco clases de espías o agentes: el espía local o nativo, el espía infiltrado, el espía doble, el espía falso y el espía vivo.

Veamos cómo diferencia a cada uno de estos espías o agentes, y qué símil podrían tener en el mundo comercial de hoy.

> Espías locales o nativos son personas a sueldo naturales del país enemigo.

Si se intenta penetrar en un nuevo mercado ubicado en otro país entenderíamos, modernamente y de forma comercial, como espías locales a personas de este lugar que se contratan para estudiar el mercado y analizar sus posibilidades, sopesando el peso de la competencia y su forma de operar.

> Espía infiltrado son funcionarios a sueldo del estado enemigo.

Estariamos utilizando a un espía de este tipo si pagásemos a un funcionario del Estado para que nos facilitase información privilegiada, o si pagásemos a un empleado de la competencia para que nos facilitará datos sobre su empresa. En cualquiera de los dos casos estaríamos infringiendo la ley y realizando un comportamiento comercial poco ético. En el primer caso el funcionario estaría cometiendo cohecho; en el segundo caso el empleado podría ser acusado de infidelidad comercial, un concepto que hoy puede ser penado con la cárcel.

> El espía doble es aquel que se contrata entre los espías enemigos.

En este caso se hablaría de contratación de informadores que también trabajan para la competencia. Está claro que con este tipo de agentes la lealtad es cuestionable, y la información que se pudiera recibir de ellos también debería ser cuestionable. Indudablemente, no se puede recomendar trabajar con este tipo de informadores.

> El espía falso son los agentes propios a los que se les facilita intencionadamente información falsa para que la transmitan a espías enemigos.

Aquí nos encontraríamos ante una práctica que llega a producirse en muchas empresas, cuando descubren que cierta persona desea obtener datos sobre ella que luego, se sabe, serán transmitidos a la competencia. En estos casos o se invita educadamente a esa persona a buscar esa información en otro sitio o se le facilita una información errónea.

> El espía destacado es el que actúa en territorio enemigo y regresa para traer sus informes.

No se puede considerar comercialmente un espía a aquella persona que se desplaza a un mercado copado por la competencia para estudiar las delegaciones o sucursales que tiene, los almacenes, las franquicias que ha otorgado, los principales puntos de venta y distribución, los precios de sus productos, etc. Esta persona está realizando un estudio de marketing de una determinada firma en un mercado específico. El mundo comercial considera correctos estos análisis de mercado, en los que se llega a ampliar la información con tipos de clientela, renta per cápita, edad, gustos, preferencias, etc.

> No se puede utilizar a los espías sin sagacidad e inteligencia, sólo el jefe que se distingue por su humanidad y ecuanimidad sabe cómo dirigirlos y cómo interpretar la información que le proporcionan.

Las fuentes de información deben de utilizarse con sagacidad e inteligencia, y deben saberse interpretar en su justa medida. Un cliente con el que se trabaje y que también compre a la competencia puede comentar que un comercial le ha anunciado el próximo lanzamiento de una campaña de descuentos sobre un producto determinado. Esta información debe valorarse en su justa medida. Se puede tener en cuenta y preparar una contracampaña, pero también se puede dudar de su veracidad; en cualquier caso, la mejor actitud es no precipitarse y actuar con cautela estando preparado ante la eventualidad de que la competencia lance una campaña de esas características.

En cualquier caso, las fuentes de información son necesarias en determinados momentos de la vida comercial, especialmente si de ellas depende alguna decisión importante. Sun Tzu destaca:

> Siempre, ya se trate de ejércitos con los que se va a combatir, ciudades amuralladas que se han decidido conquistar, o de personas que se desean eliminar, es imprescindible conocer la identidad de sus mandos, sus aliados, sus consejeros, sus centinelas o criados. Haz que tus espías averigüen todo sobre ellos.

Muchas empresas de gran importancia que se ven a menudo con la necesidad de negociar con sus competidores, poseen un perfil psicológico de la personalidad de estos. Dichos informes son recopilados por departamentos especializados y su finalidad es aportar a los directivos el mayor número de datos sobre la persona con la que tienen que tratar. Así, se averigua no sólo su carácter y peculiaridades, sino de quién depende, a quién tiene que informar, etc. También es importante saber quiénes han sido los consejeros y con qué alianzas cuentan.

A la hora de cualquier negociación estos informes serán de vital importancia y servirán para inclinar la reunión hacia un lado u otro. Es evidente que se puede empezar muy mal una negociación entre dos partes intentando romper la frialdad explicando un chiste sobre judíos si se desconoce que nuestro oponente reza a esa creencia.

Por ello, se considerará importante descubrir los planes de la competencia o de nuestros oponentes en una reunión, ya que de este modo se podrá decidir qué estrategia será eficaz y cuál no lo será. Para negociar siempre hay que tener bazas, pero también es importante conocer las del otro. En definitiva, se puede resumir que, antes de negociar, antes de establecer contactos, se debe conocer al oponente. La información sobre él siempre facilitará una situación de ventaja.

Algo más sobre el arte de la guerra

Sun Tzu no fue el único maestro chino que habló sobre el arte de la guerra, algo más de cien años después, un descendiente directo, Sun Bin, también destacó como un gran estratega. Sus escritos fueron descubiertos en una antigua tumba recogidos en varillas de bambú.

Sun Bin, estudió el arte de la guerra con Pang Yuang, pudiendo haber sido el maestro de ambos el misterioso sabio Wang Li, más conocido como el Maestro del valle del Demonio.

Sun Bin aportó una serie consejos al arte de la guerra que no hemos querido dejar de incorporar en este libro. Sin embargo, muchos de ellos son conversaciones y ampliaciones de los consejos y recomendaciones que ya ofrecía Sun Tzu. Contrariamente, existen algunos aspectos de sus reflexiones que son novedosos y tienen una clara aplicación en la vida comercial y financiera.

En especial destacaremos aquellos aspectos relacionados con los errores de la guerra, la justicia de los jefes, los fallos que adolecen los jefes, y otros aspectos más que pueden contribuir a ampliar todos los capítulos canónicos de Sun Tzu.

Indudablemente cien años de diferencia no cambiaron especialmente las estrategias de la guerra, pero si se puede observar que Sun Bin pone una mayor énfasis en los mandos, es decir, en lo que podríamos llamar el factor humano. Un aspecto que ha demostrado ser de una vital importancia en el mundo de los negocios y de las finanzas, ya que son siempre las personas quienes cometen los errores y las que consiguen que un negocio triunfe o fracase.

Esta breve cuarta parte sobre el arte de la guerra de Sun Bin aportará interesantes datos y una mayor comprensión del factor humano.

Capítulo 30

Consideraciones en la negociación

En las múltiples negociaciones que un empresario realiza, se encontrará con diferentes tipos de caracteres en el otro lado de la mesa. Sun Bin aplica esta situación a ejércitos y mandos, en realidad tiene un símil muy claro en el mundo empresarial. El estratega militar destaca:

> Existen cinco descripciones de las fuerzas militares. La primera se llama sobrecogedora y poderosa. La segunda se llama orgullosa y arrogante. La tercera se llama inflexible al extremo. La cuarta se llama codiciosa y desconfiada. La quinta se llama lenta y flexible.

Se podrían equiparar estas cinco descripciones a diferentes negociadores con los que se están desarrollando o tratando de realizar acuerdos comerciales, pactos, ventas o compras.

La primera descripción mostraría a unas personas que representan una empresa económicamente fuerte e importante en el sector. La segunda haría referencia a empresarios que actúan con prepotencia y arrogancia. La tercera se refiere a aquellos que difícilmente están dispuestos a modificar sus condiciones. En la cuarta se encuentra a un negociador que muestra claramente su codicia y que desconfía de todo pacto o acuerdo que se le ofrece. Finalmente, la quinta descripción presenta a unos negociadores que toman sus decisiones con lentitud, pero que muestran flexibilidad ante las ideas, pactos o acuerdos que se les ofrecen.

Sun Bin no olvida ofrecer en su tratado una serie de posturas con las que enfrentarse a estas cinco descripciones.

> A una fuerza sobrecogedora y poderosa la tratas con humildad y delicadeza. A una fuerza orgullosa y arrogante la esperas con respeto cortés. A una fuerza extremadamente inflexible la tomas por seducción. Ante una fuerza codiciosa y desconfiada ejerces presiones en el frente, hostigas los flancos y te sirves de fosos y altos terraplenes para dificultar el aprovisionamiento. A una fuerza lenta y flexible la aterrorizas mediante el hostigamiento; desconciértala, rodéala y atácala si sale fuera. Si no sale fuera, rodéala.

¿Cómo se interpretarían estos cinco consejos? En el primer caso, ante alguien poderoso, se debe actuar con diplomacia, evitando en todo momento intentar equipararse al contrincante. La mejor postura es la de la sencillez y la modestia, actuando con paciencia y respetuosidad. Cuando la otra parte muestra orgullo y arrogancia, lo mejor es ser considerado, afable y mesurado. Si la otra parte es inflexible hay que hacerla cambiar de postura a través de la seducción, la sugestión y la persuasión, y, si es necesario, hay que utilizar señuelos y adulación. Cuando la otra parte es extremadamente codiciosa y desconfiada, hay que hostigarla ofreciéndole pactos que puedan ser beneficiosos y, a la vez, transmitiéndole seguridad y confianza. Finalmente, cuando la otra parte es lenta en reaccionar y flexible se le debe empujar a que tome decisiones; la mejor manera es situándola en límites que le obliguen a decidir.

Sun Bin también menciona cinco cortesías:

> Las acciones militares tienen cinco cortesías y cinco acciones duras. Si una milicia invade un territorio y es demasiado cortés, pierde su estado normal. Si una milicia invade por segunda vez y es

demasiado cortés, no tendrá forraje. Si una milicia invade una tercera vez y es demasiado cortés, perderá su equipo. Si una milicia invade una cuarta vez y es demasiado cortés, carecerá de alimento. Si una milicia invade por quinta vez y es demasiado cortés, no habrá logrado su objetivo.

Invadir violentamente un territorio una vez se llama agresión. Invadir violentamente una segunda vez se llama vanidad. Si se realiza por tercera vez, los habitantes se aterrorizarán. Si se realiza una cuarta invasión violenta, a los soldados se les dará una falsa información. Si se realiza una quinta invasión violenta, la milicia será derrotada.

¿Podríamos comparar estas acciones con campañas comerciales en mercados que están ocupados por la competencia? Tal vez sería un interesante símil. El ser cortés en la «invasión» podría interpretarse como carente de agresividad en la campaña y la venta. La repetición de campañas sin agresividad ni organización puede originar la falta de suministros, la pérdida de los vendedores, que son captados por la competencia, y la falta de unos objetivos concretos.

La primera vez que se lanza una campaña la competencia puede interpretarla como una incursión en un mercado que considera suyo. Una segunda campaña puede estar guiada, erróneamente, por motivos vanidosos. Una tercera campaña puede cansar al consumidor si no aporta nada nuevo ni original. Las sucesivas campañas, sin una información concreta a los vendedores, pueden confundir.

Capítulo 31

Algunos errores que deben tenerse en consideración

Sun Bin anuncia algunos aspectos estratégicos mal enfocados que son consecuencia de derrotas militares. Algunos de ellos pueden adaptarse al mundo comercial.

> Si tus preparativos están dispuestos, pero no puedes obstaculizar el equipamiento del enemigo, tu ejército no será respetado. Si tu equipamiento no es eficaz, mientras que el enemigo está bien preparado, tu ejército será aplastado.

Podríamos interpretar el sentido de equipamiento como personal, y preparativos como organización, siendo, en este caso, el ejército la empresa. Cualquier campaña comercial que se quiera emprender carece de sentido sin una organización; y un personal sin la preparación adecuada también precipita al fracaso.

> Si eres hábil disponiendo las líneas de batalla, conoces los pros y los contras, y sabes la disposición del terreno, pero aun así tu ejército es obstruido una y otra vez, eso significa que no entiendes ni la victoria diplomática ni la victoria militar.

En ocasiones factores como organización, información o conocimiento del mercado no son garantía suficiente para conseguir los objetivos deseados. A todo ello hay que añadir otros aspectos, como la relación social con el personal, y la modestia y sencillez ante los triunfos.

> Si las fuerzas armadas son incapaces de un gran éxito, esto significa que no reconocen las oportunidades apropiadas.

Podríamos equiparar esta sentencia de Sun Bin con la incapacidad de conseguir objetivos comerciales cuando las oportunidades son propicias. No saber reconocer los momentos apropiados para triunfar es no tener en consideración el concepto de «oportunidad». En ocasiones una campaña o el lanzamiento de un producto depende mucho de saber elegir el momento oportuno. Si el momento no es oportuno, si el mercado no presenta las condiciones óptimas, por aspectos recesivos o inflacionistas, de nada sirve realizar una determinada campaña o lanzar un producto que no se va a vender.

> Si los militares pierden el pueblo, esto significa que son inconscientes de sus propias faltas o excesos.

Podríamos leer esta sentencia de la siguiente forma: si los directivos pierden la clientela es que son inconscientes de sus propias faltas o excesos. En ocasiones estas faltas y excesos se traducen en un mal servicio, en una política comercial inadecuada, en unos descuentos indiscriminados, en una falta de atención personal al cliente, etc.

> Si las fuerzas armadas necesitan mucho esfuerzo para lograr poco, eso significa que no conocen el momento adecuado.

Una vez más volvemos al factor «momento adecuado», es decir, el momento óptimo para la venta de un producto o el lanzamiento de una campaña. Ya se ha explicado antes que este aspecto es de vital importancia y requiere ser considerado de una forma prioritaria.

> Si los militares no pueden superar los problemas principales, es porque no pueden unir los corazones de la gente.

En muchas ocasiones el fracaso se produce por falta de avenencia, armonía, compenetración, entendimiento y fidelidad entre los equipos de trabajo de una empresa. Uno de los objetivos principales de los directivos es crear un ambiente de camaradería y de fraternidad que permita poder sacar adelante los proyectos con la armonía necesaria.

> Si los guerreros son perezosos cuando ven el bien que ha de hacerse; dudan cuando llega el momento adecuado para actuar; se libran de los errores, pero no pueden hacerlo constantemente, todo ello es el camino que conduce al estancamiento.
>
> Cuando son honrados y decentes, aunque sean ambiciosos; amables aun cuando sean favorecidos; fuertes, pero elásticos, flexibles, pero firmes, éste es el camino que lleva a prosperar.

Un personal que muestra signos de desinterés ante el desarrollo de la empresa, que duda en el momento de actuar y que no se responsabiliza de sus propios errores, conduce a un estancamiento comercial, industrial o financiero.

Cuando prevalece la honradez, aunque exista la lógica ambición de ganar más o ascender en la empresa; cuando ese personal muestra su fuerza y firmeza, pero es capaz de ser flexible en los momentos adecuados, nos encontramos en el camino de la prosperidad.

Capítulo 32

Más sobre las cualidades de los jefes

En el capítulo 24 se han abordado las cualidades del jefe según Sun Tzu, ahora regresaremos a este tema con una ampliación que aporta Sun Bin.

> Los jefes deben ser justos; si no son justos, carecerán de dignidad. Si carecen de dignidad, carecerán de carisma; si carecen de carisma, sus soldados no se enfrentarán a la muerte por ellos.

La justicia de los directivos de cualquier empresa tiene que convertirse en un elemento esencial. Los subalternos esperan siempre de sus superiores justicia. Justicia en el reconocimiento de su trabajo; justicia ante las equivocaciones que puedan cometer y consideración por las que no cometen; justicia en su retribución y en el esfuerzo que realiza; finalmente, justicia en la ocasión en que surja algún problema entre empleados.

Cuando la justicia desaparece también cae la dignidad y el carisma. Los empleados dejan de enfrentarse con ardor y sacrificio a los requerimientos empresariales. La justicia se convierte en un elemento clave para consolidar y armonizar el personal.

Los jefes humanos; si no son humanos, sus fuerzas no son eficaces. Si sus fuerzas no son eficaces no lograrán nada.

Al margen de la justicia, un directivo debe tener humanidad, es decir, un respeto profundo por sus subalternos; una corresponsabilidad en el trato, exquisitez y ética.

Otro de los aspectos que menciona Sun Bin es la integridad:

Los jefes deben tener integridad, ya que la carencia de integridad constituye la pérdida de poder. Al perder poder se pierde el dominio del ejército.

La integridad la constituye la honradez, la decencia, la rectitud, la honestidad, la moralidad y lo que los chinos consideraban de mayor importancia: la honorabilidad. Sin estos aspectos la desconfianza crece entre los que rodean al jefe, y con ello su poder disminuye.

Los jefes deben ser dignos de confianza; de lo contrario sus órdenes no serán obedecidas, ni las fuerzas unidas, lo que conducirá al fracaso.

La pérdida de confianza del personal en sus jefes conduce a una pérdida consecutiva de confianza en sus órdenes. Ambos aspectos van parejos. Este factor lleva a la desunión del personal, ya que no existe una cabeza visible que pueda ordenar con la fuerza suficiente para ser obedecido. En unas circunstancias semejantes cualquier proyecto que se quiera emprender está condenado al fracaso.

Los jefes deben ser superiores en inteligencia, ya que si carecen de ella no tendrán capacidad de resolución ante los problemas.

A un directivo, a un jefe, se le presupone cierto nivel de inteligencia. No basta con ser directivo y estar bien formado profesionalmente, además debe poseer esa capacidad innata de

algunos individuos que se traduce en inteligencia, ya que ella le permitirá tomar decisiones ante aspectos complejos que sólo una mente inteligente puede resolver.

Al margen de estas cualidades Sun Bin analiza los errores que un jefe puede cometer y que, por lo tanto, afectan profundamente al mando de su ejército. En el capítulo siguiente se exponen estos errores.

Capítulo 33

Errores de los jefes

El tratado sobre la guerra de Sun Bin se diferencia de Sun Tzu en el hecho de que pone más énfasis en los aspectos humanos. El factor humano es mucho más importante que en su antecesor, ya que para Sun Bin ser un buen estratega y conocer todas las artimañas de la guerra no lo es todo si no se complementa por los aspectos personales del jefe o jefes que dirigen la campaña militar. Dentro de esta línea Sun Bin presenta toda una serie de lo que considera errores más comunes que pueden cometer los jefes, y que llegan a desencadenar la pérdida de la guerra.

Para el estratega Sun Bin estos son los principales factores:

Considerarse capaz de realizar acciones para las que no están capacitados.

Muchos jefes y ejecutivos creen que pueden realizar funciones que, en algunos casos, están por encima de sus posibilidades, ya que carecen de la formación adecuada, la capacidad de mando necesaria o la inteligencia precisa. Puede ocurrir que la capacitación sea la adecuada, pero se adolezca de factores humanos necesarios o de la confianza de sus subordinados.

La arrogancia es la pérdida de muchos jefes ante la tropa.

Ser arrogante, altanero, presuntuoso o soberbio es el camino directo para ganarse la antipatía del personal al que se dirige. Las actitudes arrogantes crean una antipatía que se manifiesta por una falta de fidelidad y obediencia. Indudablemente es una actitud que no beneficia a un jefe.

Tener ambición por el rango.

Es lógico y humano que toda persona tenga ambición por conseguir un nivel superior, pero este aspecto no debe manifestarse como una obsesión que sea visible, y se muestre con codicia llevando incluso a adoptar actitudes de conspiración para alcanzarlo. Cuando la ambición por el rango comporta actitudes que llevan a urdir, intrigar o tramar para alcanzar este objetivo, el sujeto está cometiendo un grave error.

Ser codicioso por la riqueza.

Los beneficios económicos son un objetivo en el mundo comercial, sin embargo no deben convertirse en un deseo intenso que provoque actitudes de avaricia o avidez extremas.

Ser impulsivo.

Ser impulsivo es todo lo contrario de los que debe ser un jefe ideal. Los actos impulsivos están supeditados, en muchas ocasiones, a los sentimientos, y ya se ha explicado en otros capítulos que los sentimientos deben ser dominados y no ser ellos los dominantes. Actuar impulsivamente vulnera las más elementales reglas de un buen jefe, en tanto que todo impulso carece de reflexión, está originado por la precipitación y carece de la serenidad necesaria, y de los dotes de prudencia, que debe demostrar un buen directivo.

Ser lento.

En muchas ocasiones la rapidez está reñida con la perfección, pero la lentitud en la toma de decisiones puede originar la pérdida de muchas oportunidades comerciales. El directivo debe reflexionar ante un problema, pero sus decisiones deben ser tomadas en el tiempo preciso.

Carecer de valor.

No nos referimos en esta ocasión a la valentía del militar, sino a la capacidad de tomar decisiones difíciles y complicadas. Existen muchas personas que carecen de este valor, y sus decisiones son lentas, tardías o dudosas. Pero no se debe confundir el valor con la osadía, la audacia extrema o la temeridad. El valor del jefe o directivo no debe carecer de energía, fortaleza ni determinación.

Ser valeroso pero débil.

En este concepto Sun Bin conjuga dos aspectos que en el estratega deben de estar unidos. Ser valeroso pero débil ante las decisiones anula al conjunto. Se puede tomar una decisión difícil con valentía, pero esta decisión no consigue ser lo suficiente fuerte para atajar o solucionar un problema; en tal caso la debilidad ha anulado la importancia de la valentía.

Carecer de confianza.

En este caso puede ser confianza en uno mismo o falta de confianza hacia los demás. Si se carece de confianza en uno mismo difícilmente se pueden tomar decisiones: siempre penderá la duda sobre esta persona como una espada de Damocles. La falta de confianza en un mismo es la peor virtud que puede tener un jefe, ya que esa desconfianza personal arrastrará innumerables retrasos, dudas, falta de decisiones, etc. Si son los demás quienes tienen desconfianza en su superior, sus órdenes serán siempre escuchadas con duda, lo que originará que las acciones también sean ejecutadas con el temor de que la orden sea correcta.

Carecer de resolución.

Un jefe que carece de capacidad de resolución es aquel que nunca resuelve los problemas que le plantean sus subordinados. Es indudable que ante una actitud así la empresa no funciona, los objetivos no se alcanzan y el personal termina por no acudir a su superior en busca de soluciones ya que sabe que no las obtendrá.

Ser negligente.

Ser negligente implica tener falta de cuidado, atención e interés en realizar las cosas. Ya se ha dedicado un capítulo de este libro a la importancia que tiene la atención en la realización de cualquier acción. Es evidente que un buen directivo o jefe nunca puede ser descuidado ni dejado, desidioso o negligente.

Ser perezoso.

La pereza es la antítesis del trabajador. Nunca un jefe puede ser perezoso, ya que ello implica una actitud de holgazanería, desidia y descuido. Nadie puede estar al mando de otras personas si es gandul y remolón. Ser jefe implica diligencia y esfuerzo en el trabajo.

Ser vicioso.

Ser vicioso es tener una afición excesiva a una cosa que por general es perniciosa. Pueden ser vicios el juego, el alcohol, dormir en exceso, drogarse, etc. Cualquiera de estos vicios es pernicioso para un jefe y su relación con el trabajo, ya que tendrán una clara repercusión en el mundo laboral.

Sólo tener interés por uno mismo.

Un jefe que sólo tiene interés por él mismo está descuidando las relaciones humanas y morales con el resto del personal. Las buenas relaciones entre jefe y personal radican en el interés que el primero pueda tener por los problemas del segundo. Interesarse exclusivamente por uno mismo es, al margen de una muestra de egolatría, olvidar que se trabaja en equipo y que el resto del personal forman parte de ese equipo.

Ser indisciplinado.

Los mandos están formados por cadenas en las que unos ocupan eslabones más altos y otros más bajos. La disciplina en las órdenes se convierte en algo imprescindible cuando se trabaja en equipo. Un jefe, que tenga por encima a un director, no puede dejar de obedecer las instrucciones que este le da, ya que se supone que forman parte de una decisiones que han sido tomadas tras una reflexión de lo más alto del «staff» directivo. La falta de disciplina es causa de graves errores, de fracasos en los objetivos, de pérdidas en las campañas y de grandes pérdidas económicas.

Capítulo 34

Errores más frecuentes en el mando

Sun Bin destaca una serie de errores que pueden considerarse como frecuentes en el mando de un ejército. Errores que son susceptibles de ser aplicados a la dirección empresarial. Una vez el estratega chino se centra en las personas, en los jefes como responsables de esos errores y sus consecuencias.

> Los jefes pueden ser derrotados cuando pierden el propósito de sus maniobras.

Cuando un directivo olvida la finalidad de sus acciones precipita la desorientación del personal, en la falta de objetivos en los proyectos, en una intención predeterminada en sus funciones. Es evidente que esta actitud avoca al caos empresarial.

> Los jefes pueden ser derrotados cuando alistan soldados indisciplinados y los despliegan si soldados derrotados vuelven a ser enviados al frente de batalla o si utiliza soldados que presumen de capacidades que no tienen.

Un director comercial que contrata vendedores o agentes comerciales indisciplinados y los destina a la venta o los envía a la conquista de mercados, se arriesga a que estos no cumplan las órdenes de venta con que se les ha instruido. Las consecuencias se reflejarán en una pérdida de ventas y de mercado. También es una política errónea enviar agentes comerciales a conquistar mercados en los que ya han fracasado. Estos agentes fracasados no podrán recuperar dicho mercado ya que están, como se dice empresarialmente, «quemados». La mejor estrategia será sustituirlos y enviarlos a otras zonas. Finalmente, también es erróneo utilizar personal que presume de capacidades que no tiene. Ello evidencia la necesidad de asegurarse de que las personas están dotadas y preparadas para realizar los cometidos que les han sido asignados.

> Los jefes pueden ser derrotados cuando discuten continuamente sobre juicios de lo que es correcto y lo que es equivocado.

Directivos que se enzarzan en discusiones sobre juicios de valor sobre lo que es correcto y lo que está equivocado, están perdiendo un tiempo valiosísimo. El mundo empresarial requiere acciones y no debates. Las acciones tienen que estar precedidas de análisis y reflexión, los errores sólo son susceptibles de ser analizados como experiencias para no cometerlos nuevamente.

> Los jefes pueden ser derrotados si sus órdenes no son ejecutadas y las tropas no están unidas.

Es indudable que uno de los motivos del fracaso comercial se produce cuando se rompe la cadena de mando y las órdenes no se ejecutan. Dentro del mundo comercial la indisciplina en la ejecución de órdenes es primordial, y debe considerarse como un deber prioritario el cumplimiento de las órdenes de los superiores. La unidad del personal también se presenta como algo indispensable; cuando existe desunión impera el caos, y las cadenas de transmisión de órdenes se rompen.

Un jefe puede ser derrotado cuando sus subordinados son refractarios y sus tropas no trabajan para ellos.

Entendemos como subordinados refractarios aquellos que muestran tenacidad a un cambio u oposición a una idea. Es indudable que uno de los aspectos empresariales más importantes con el que se puede encontrar un directivo es la oposición a cambios por parte del personal. Este es un problema muy frecuente en las grandes y medianas empresas. El personal tiende a querer consolidarse en sus puestos y su forma de trabajar u operar; los cambios de estrategias, de zonas para los vendedores, horarios o métodos de fabricación siempre son difíciles de que sean aceptados con facilidad, ya que el personal ha acomodado su vida a ese ritmo determinado. Sin embargo, los cambios son necesarios en el mundo empresarial actual más que nunca. Si las tecnologías avanzan, la sociedad cambia constantemente de costumbres y las modas varían, las empresas deben evolucionar cambiando según la demanda y las necesidades del mercado. Recordemos el aforismo zen que ya hemos mencionado en otra parte de este libro: «Quién se detiene se equivoca».

Los jefes pueden ser derrotados cuando el pueblo tiene resentimiento contra sus fuerzas armadas.

De un modo sencillo, podríamos interpretar este mensaje de Sun Bin comparando al pueblo con el mercado o los clientes, y a las fuerzas armadas con la empresa o los vendedores. En ocasiones, por una mala política comercial de ventas se han producido resentimientos de los clientes contra los vendedores o la empresa. Estos resentimientos pueden avocar a una disminución de ventas o una pérdida importante del mercado. En estos casos hay que revitalizar la imagen de la empresa, ofrecer una imagen de cambio en el «staff» y acometer ese mercado con personal nuevo y ofertas que recuperen la confianza de la clientela.

Un jefe puede ser derrotado si su ejército permanece demasiado tiempo fuera, en el campo.

¿Qué entendemos por un «ejército que permanece demasiado tiempo fuera, en el campo»? Podríamos interpretarlo como los vendedores que están demasiados meses alejados de la empresa, sin vivir directamente los problemas de organización, fabricación, preparación de nuevas campañas o formación. Empresarialmente es positivo que los vendedores, representantes o delegados, vivan la realidad empresarial de cerca. El alejamiento nunca favorece el contacto con esa realidad. Por otra parte, una empresa tiene que hacer partícipe a su personal de los avances, cambios o nuevos proyectos que se están gestando o que arrancan, de la misma forma que el personal, en una sociedad en plena evolución, precisa una formación continuada y una adaptación a las nuevas reglas del mercado.

Los jefes pueden ser derrotados cuando tienen reservas en la acción.

Se entenderá como «reservas», las restricciones, limitaciones o cortapisas en la acción. La empresa es acción por antonomasia, restringir la acción siempre es perjudicial, ya que significa detenerse. Si la acción se restringe es debido a la falta de personal o a la falta de liquidez económica, dos problemas que deben solucionarse prioritariamente. Cada minuto que la acción queda paralizada es aprovechado por la competencia para ocupar aquellos mercados en los que no se opera.

Los jefes pueden ser derrotados cuando los soldados huyen.

La huida de soldados es el abandono de los puestos de trabajo, este hecho tiene una penalización lógica. Pero también la huida de soldados es cuando determinado personal empieza a pasarse a la competencia, o busca otros trabajos. En estas situaciones los directivos deben analizar seriamente las causas de este abandono, ya que sus resultados pueden ser catastróficos si la huida es muy grande, si se están perdiendo los mejores elementos de la empresa o si estos pasan a empresas de la competencia. Las razones pueden tener múltiples causas; pueden ser debidas a sueldos demasiados bajos, a falta de perspectiva de futuro, a mal ambiente laboral a desavenencias con mandos intermedios o a calidad de trabajo. En cualquier caso la reflexión debe llevar a efectuar las correcciones necesarias para evitar esta situación.

> Los jefes pueden ser derrotados si las tropas son presas del pánico de forma repetida.

El personal de una empresa puede verse sumido en el pánico cuando ve peligrar su puesto de trabajo; cuando en repetidas ocasiones los salarios no se pagan puntualmente; cuando sabe que hay problemas de liquidez económico; cuando advierte la presencia de embargos; cuando los proveedores se niegan a servir sus pedidos si no se les paga al momento; cuando los productos que se venden no tienen salida en el mercado. Cualquiera de estas situaciones acontecidas de una forma repetitiva llevan al pánico del personal, y este pánico se traduce con una desmoralización general o la búsqueda de trabajo en otras empresas.

> Los jefes pueden ser derrotados cuando en una operación militar se produce un caos y todos los soldados se encuentran contrariados.

Una campaña comercial que degenere en un desastre muestra una mala organización y deficiente preparación. La reacción de los comerciales de ventas, y también del personal en general, muestra decepción, desencanto, pesadumbre y desilusión. Por ello, las campañas deben ser ejecutadas con gran preparación, reflexión, análisis del mercado y participación de todo el personal necesario para convertirlas en algo personal que lleve al triunfo.

Los jefes pueden ser derrotados cuando las tropas están exhaustas en el proceso de construcción de fortificaciones.

Un personal agotado es un personal avocado a cometer errores. En ocasiones el exceso de trabajo en la fabricación puede llevar a situaciones de agotamiento. Pero la reflexión de Sun Bin también se podría interpretar como un personal que continuamente está tratando de defender a la empresa frente a los errores que se cometen: retrasos en servir pedidos, errores de distribución, fallos en facturación, mal servicio, etc. Este tipo de errores terminan por convertirse en una cadena que afecta a todo el personal.

Los jefes pueden ser derrotados cuando el día está llegando a su fin y las tropas están lejos del punto de destino y se encuentran ansiosas por llegar.

Cuando se ha fijado una fecha para el lanzamiento de una campaña o un producto y esta fecha se aproxima y los retrasos son evidentes se crea un ambiente de estrés, histeria y ansiedad entre todo el personal. Los vendedores saben que han prometido una fecha concreta a sus clientes, los distribuidores esperan en esa fecha el producto y han realizado ya su calendario de entregas, las campañas publicitarias están prefijadas de antemano, etc. Una fracaso en tales circunstancias puede ser caótico. Por ello, cualquier campaña, lanzamiento o acción, debe ser concebida teniendo en cuenta todos los recursos, todos los problemas, dentro de un calendario tipo PERT en el que se tengan en consideración hasta los más mínimos detalles.

Los jefes pueden ser derrotados cuando las tropas están asustadas.

Ya hemos mencionado anteriormente las consecuencias y las causas del pánico en el personal de una empresa. Pero también puede existir otro tipo de miedo. Un personal puede estar asustado ante su propio jefe o directivo. Un carácter extremadamente violento puede ocasionar una situación de miedo al personal, que le lleve a abandonar la empresa y buscar otro trabajo. Pero para aquellos que permanecen en la empresa esta situación también repercutirá en su trabajo, ya que se crea un ambiente de malestar, de opresión, de desmoralización, que tiene claras consecuencias laborales.

> Los jefes pueden ser derrotados si las órdenes son modificadas repetidamente y las tropas son lentas.

Modificar las órdenes repetidamente muestra ante el personal una falta de seguridad en la dirección. Una orden puede ser modificada siempre, pero cuando esto ocurre de una forma repetitiva algo no funciona bien en la empresa. Pueden haber diferentes opiniones entre el «staff» directivo o una falta de liderazgo. También puede transmitir que las decisiones no se toman con la reflexión y madurez necesaria, y que existe una precipitación en la forma de actuar. En cualquier caso, todo ello ofrece una deplorable imagen de cara al personal. Como consecuencia puede acaecer una lentitud en la acción, debida a que el personal no aplique con suficiente celeridad las nuevas instrucciones, temerosos de que sean susceptibles de cambios. Así, los vendedores no anuncian a sus clientes determinadas campañas u ofertas, porque en repetidas ocasiones han sido modificadas y, como consecuencia, los pedidos tardan más en llegar.

> Los jefes pueden ser derrotados cuando no hay espíritu de corporación entre la tropa, y la confianza en los jefes y su capacidad es mínima.

El espíritu de corporación es aquel que une a las personas en la defensa de un sector o actividad profesional. Una empresa debe convertirse en un importante lazo, ya que todo el mundo lucha por un mismo objetivo y defiende unos principios semejantes. Si este espíritu desaparece se pierde esta capacidad de lucha y la confianza en los directivos disminuye drásticamente, ya que sienten que defienden y luchan por unos conceptos que carecen de sentido.

> Los jefes pueden ser derrotados cuando existen favoritismos y las tropas muestran signos de pereza.

Cuando los directivos realizan actos de favoritismo entre sus empleados están creando una discriminación evidente, y agravios comparativos. Esta situación crea envidias, odios, rivalidades, celos y suspicacias. Una serie de sentimientos que no son los más adecuados para el trabajo en equipo, ya que terminan por provocar enfrentamientos personales entre los empleados, o derivan en engaños y zancadillas entre unos y otros. Un directivo debe mostrarse justo con todo el personal y si en alguna ocasión realiza una acción de favoritismo concreto debe especificar las razones de su determinación y, sobre todo, estas deben ser consecuentes.

Que el personal muestre signos de pereza en la realización de sus tareas puede evidenciar muchos problemas. Puede existir una falta de interés y carencia de motivación, pero también puede reflejar salarios demasiados bajos, exceso de horas de trabajo y falta de compensaciones. En cualquier caso, los signos de pereza deben ser analizados cuidadosamente y tomar las medidas necesarias para erradicarlos.

> Los jefes pueden ser derrotados cuando existen muchas sospechas y las tropas tienen dudas.

Este consejo de Sun Bin se expresa de forma muy abstracta, ya que las sospechas y las dudas pueden presentarse por muchas razones. Se pueden tener sospechas de que los directivos no son fieles a la empresa, que carecen de honradez, que planean derrocar a otros mandos superiores, etc. También pueden nacer sospechas del miedo a un cambio directivo, a la falta de liquidez de la empresa, al cierre de determinadas secciones, al despido de personal, etc. Sea como sea, las sospechas siempre crean dudas en relación a la actividad empresarial y a la capacidad de ejecutar acciones, así como en lo que concierne al futuro de la empresa. Cuando se conoce la existencia de estas dudas y sospechas deben atajarse inmediatamente y. para ello. lo mejor es a través de acciones completamente contrarias a las sospechas. Si estas son por falta de liquidez económica o posible cierre de secciones y despido de personal, se reunirá a los trabajadores explicándoles la verdadera situación y calmando sus temores. En ocasiones las sospechas son infundadas por personas infieles a la empresa que lanzan bulos con el fin de perjudicar y crear malestar.

Los jefes pueden ser derrotados cuando odian escuchar que han errado.

Que un directivo cometa un error no debe interpretarse como el fin del mundo. Ya se ha explicado en la parte de este libro dedicada a la vía del ejecutivo guerrero, que los errores sirven para aprender y que deben tomarse como una experiencia que enseña. Por este motivo quienes han cometido un error deben escuchar las reflexiones de otras personas ante lo acaecido, ello permitirá tener una información completa de la situación y obtener el máximo de datos para evitar que el error vuelva a producirse.

Los jefes pueden ser derrotados cuando han nombrado a incompetentes para ejercer acciones de mando.

Nunca deben prevalecer los sentimientos a la hora de elegir a una persona para realizar una acción concreta o dirigir una campaña. No deben primar factores como su lealtad o su bondad, sino su formación y preparación para poder llevar adelante el objetivo que se pretende. Nombrar a incompetentes es encaminar los proyectos al fracaso. El mundo empresarial precisa siempre que sus mandos estén constituidos por auténticos profesionales. La profesionalidad con una formación adecuada es una garantía de éxito.

> Los jefes pueden ser derrotados cuando mantienen a sus tropas fuera en el campo tanto tiempo que se mina su voluntad.

Esta reflexión de Sun Bin es muy parecida a otra que ya se ha mencionado anteriormente. En este caso se hace referencia específica al espíritu que reinará entre el personal que se encuentra alejado de la empresa durante mucho tiempo, cuya voluntad, por la distancia, se deteriora poco a poco. Como se ha expuesto en el caso anterior se debe procurar que estos alejamientos no sean extremadamente duraderos.

> Los jefes pueden ser derrotados cuando se llama a combate, pero las mentes todavía están divididas.

Cualquier campaña, acción o proyecto que se asuma en una empresa tiene que realizarse con unanimidad; si esta unanimidad no existe y se inicia puede existir el fracaso. Este hecho lleva a reflexionar sobre la necesidad de que exista el mayor acuerdo posible en cualquier operación proyecto o campaña que se inicie. Una mente que esté disconforme será siempre una persona que no trabajará plenamente a gusto, que estará actuando contra su voluntad. Por lo tanto, en la preparación se debe buscar el mayor acercamiento entre todo el equipo directivo, evitando profundas discrepancias. Las diferencias de planteamiento siempre existirán, pero también siempre es posible el acercamiento y los acuerdos. Lo que nunca debe permitirse es lanzar un proyecto mientras el «staff» directivo esté completamente dividido.

> Un jefe puede ser derrotado cuando cuenta con que el adversario se desanime.

Nunca hay que infravalorar a la competencia y pensar que ante una campaña se desanimará y abandonará el mercado. La competencia actúa con las mismas normas, los mismo principios; tiene directivos bien formados y personal profesional. Por este motivo nunca se debe confiar en su derrota moral. Todo lo contrario, siempre hay que tener en cuenta que la competencia puede reaccionar con nuevas ideas, más esfuerzo, mejores precios, ofertas más atractivas, y hay que estar preparado para contraatacar de nuevo.

Los jefes pueden ser derrotados cuando sus acciones dañan a las personas, y cuando confían en la emboscada y en el engaño.

¿Es una buena política comercial dañar directamente a las personas de la competencia? ¿Es una buena política comercial confiar en la victoria a través del engaño? La respuesta es no. Se podrá engañar a la competencia, la clientela o los negociadores una vez, pero a partir de ese momento todo el mundo sabrá cuales son las artimañas que esa empresa o directivo utiliza. Dañar a otras personas tampoco es el camino correcto, ya que la imagen de quién lo hace no sólo queda «retratada» frente a la competencia, sino también frente al propio personal de la empresa que trabaja con esa persona. Su bajeza moral y su actitud no se olvidarán nunca, ni por unos ni por otros, y tarde o temprano alguien esgrimirá esa actitud en el momento más delicado. No es esta, sin duda, la actitud del samurái, ni del ejecutivo guerrero cuyos valores se enmarcan en otro contexto más honrado.

Los jefes pueden ser derrotados cuando oprimen a sus soldados hasta el punto de que son odiados.

Un directivo no debe oprimir nunca al personal hasta el punto de que eso genere odio contra él. Y entendemos como opresión: la humillación, la tiranía, el abuso de autoridad, la vejación, el continuo avasallamiento y agobio. Todas estas actitudes llevan a generar odio y, junto a este, un mal funcionamiento empresarial, ya que el odio degenera en impedir por acción u omisión, el buen funcionamiento de la empresa.

> Los jefes pueden ser derrotados cuando no pueden salir fuera de pasajes estrechos en plena formación.

Sun Bin no se refiere en este punto al concepto de enseñanza, sino al de alineación, es decir, a un ejército que se mueve en una columna o fila. Podríamos encontrar un símil con la empresa que encuadra a sus directivos dentro de estructuras sumamente estrechas que nos les permiten margen para maniobrar, lo que les impide en momentos críticos tomar determinadas decisiones. La libertad de maniobra de un directivo será directamente proporcional a su formación, capacidad de decisión, profesionalidad y fidelidad empresarial. Unos márgenes muy limitados de decisión pueden ser contraproducentes para una empresa impidiendo su progreso y avance en momentos determinados.

> Los jefes pueden ser derrotados cuando los soldados de la línea frontal y el armamento de apoyo no están dispuestos de forma equilibrada en el frente de batalla.

Tanto unos grandes almacenes de venta al público, como en una campaña con vendedores a la conquista de un mercado, si los efectivos de personal son insuficientes o están mal distribuidos pueden ser causa de fracaso. Pero también la causa puede estar originada por la falta de género o material para la venta. Unos buenos vendedores bien distribuidos en unos almacenes o agentes comerciales en un área determinada, carecerán de efectividad si no hay suficientes medios para distribuir el material o servir los pedidos. La falta de suministros en el momento adecuado también puede hacer fracasar la campaña.

> Los jefes pueden ser derrotados cuando se preocupan excesivamente del frente de batalla y se olvidan de la retaguardia; o cuando se preocupan tanto de la retaguardia que dejan olvidado el frente de batalla; o si se preocupan excesivamente del ala derecha olvidando la izquierda; o del ala izquierda olvidando la derecha.

Una buena dirección empresarial debe mantener un equilibrio en la atención que dedica a las diferentes partes de la empresa. Preocuparse excesivamente por los vendedores y por los mercados olvidando la producción es un error, ya que los vendedores alentados y empujados pueden fomentar un número tal de pedidos que luego no se puedan servir. Preocuparse sólo de la producción y olvidar los vendedores puede comportar una sobreproducción que obligue a almacenar los productos por falta de equipo para venderlos. En cualquier caso, esto demuestra que el directivo perfecto debe asumir todos los aspectos por igual y programar cada parte con relación al todo. Una empresa se convierte en un «todo», como dirían los maestros zen de los samuráis: nada se puede descuidar y todo está íntimamente relacionado.

Capítulo 35
Conclusiones finales

Para terminar citaremos algunas conclusiones y consideraciones finales que aparecen en los textos de *El arte de la guerra*. Un compendio final que habla de las seis estrategias, las seis defensas, los seis ladrones y los siete destructores. En cualquiera de estos grupos se pueden encontrar interesantes símiles aplicables el mundo empresarial.

Sobre el liderazgo y las cualidades de los líderes son seis las estrategias:

- Permanece en calma y mantén la serenidad. Sé amable, moderado, generoso y ecuánime. Trata con corrección a tus hombres. No seas agresivo.

- Ni apruebes arbitrariamente, ni niegues por terquedad.

- Mira con los ojos de todo el mundo y no habrá nada que no puedas ver. Escucha con los oídos de todo el mundo y todo podrás saber.

- Si piensa con la mente de todos, nada habrá que no puedas conocer.

- El fracaso vendrá cuando seas perezoso habiendo mucho que hacer; cuando dudes en los momentos decisivos; cuando persistas sobre tus errores. La victoria te llegará cuando seas flexible, respetuoso, coherente, fuerte y tolerante.
- Vencerás cuando el deber persista sobre el deseo; fracasarás cuando el deseo prevalezca sobre el deber. Fracasarás cuando la pereza sea mayor que la seriedad; vencerás cuando la seriedad prevalezca sobre la pereza.

No cabe duda que los seis puntos anteriores corresponden a muchas de las virtudes que deben tener los directivos y los subalternos. Todas ellas constituyen un camino para el triunfo y el progreso empresarial.

A continuación veremos seis puntos que todo directivo debería de tener en consideración con respecto al personal que está bajo su mando.

- Para probar su humanidad, enriquécelos y observa si varía su conducta.
- Para probar su sentido de justicia, ennoblécelos y com prueba si varía su soberbia.
- Para probar su lealtad, dales responsabilidad en el mando y analiza si su autocrítica varía.
- Para probar su confiabilidad, confíales junto a ti.
- Para probar su valor, ponlos en peligro.
- Para probar cómo abordan estratégicamente los problemas, dales decisión y responsabilidad.

Estos seis puntos pueden asemejarse a una serie de pruebas que un directivo puede hacer pasar a determinados miembros de su personal. Aumentar el sueldo para probar su humanidad; ascenderlos en el mando para probar su sentido de la justicia; darles responsabilidad para ver su capacidad y su lealtad; confiarles aspectos confidenciales para probar su seriedad; ponerlos en situaciones difíciles para comprobar su valor de decisión; enfrentarlos a problemas complicados para comprobar su profesionalidad.

Los siguientes seis puntos se refieren a los ladrones, corruptos y las formas de identificarlos:

- Los funcionarios que se construyen grandes mansiones, adquieren enormes propiedades e invierten su tiempo en diversiones.

- Los empleados que no trabajan y merodean entrometiéndose en los asuntos ajenos. Los trabajadores que perturban el orden.

- Los funcionarios que crean extrañas camarillas a su alrededor y ponen obstáculos a todos aquellos que no forman parte de estas camarillas.

- Los oficiales ambiciosos que conspiran con los líderes de otras unidades y no respetan a sus propios líderes.

- Los que desprecian el rango y miran despreciativamente a los equipos de trabajo, sin que nunca estén dispuestos a compartir los problemas de sus compañeros.

- Las facciones fuertes que dominan a las que son débiles y carecen de recursos.

Finalmente, destacaremos los siete destructores, siete arquetipos negativos de los que todo empresario debería tener conocimiento, y que nunca debería considerar aptos para trabajar.

- Los que carecen de inteligencia y son incapaces de desarrollar estrategias, que sólo luchan por ambición, recompensas y títulos.

- Los oportunistas que se contradicen, que sólo promocionan a aquellos que son como ellos.

- Los que aparentan austeridad y ausencia de deseo para conseguir algo.

- Los que fingen ser intelectuales y miran a los demás con superioridad.

- Los que carecen de escrúpulos y honradez; buscan títulos y promociones a través de halagos y deslealtades; que son oportunistas sin considerar el contexto, y que persuaden a los líderes con charlas vacías.

- Los que comprometen la producción por el lujo innecesario.

- Los que utilizan artes ocultas, magias negras y prácticas supersticiosas.

Todos estos arquetipos son destructores de empresas, son personas que aparentemente no parecen tan perniciosas porque sabe ocultar su catadura. Sin embargo, son sus acciones las que los delatarán.

Algo más sobre el guerrero samurái y la salud del ejecutivo

El ejecutivo guerrero toma su filosofía del guerrero samurái y se convierte en un arquetipo de luchador para el siglo XXI. Posiblemente este guerrero moderno no se revela como un personaje con una figura atlética, ni una estructura física de levantador de peso; muchos samuráis fueron hombres físicamente modestos, incluso algunos eran ancianos con una gran agilidad física y mental; la mente y el espíritu eran primordiales, como se ha defendido a lo largo de este libro. Esta banalidad del guerrero se refleja en la pequeña historia que sigue a continuación:

> Un samurái tenía problemas a causa de un ratón que había decidido compartir su habitación. Alguien le dijo: «Necesitas un gato».
>
> El samurái buscó un gato en su vecindario y logró encontrar uno impresionante, hermoso y fuerte, con una gran musculatura de cazador. Pero el ratón era más listo que el gato y se burlaba de su fuerza. El samurái decidió buscar un segundo gato más efectivo, y busco uno que fuera astuto. Pero desconfiado, el ratón sólo aparecía cuando el astuto gato dormía.
>
> Un monje amigo, que conocía el problema del samurái y el ratón, le trajo un gato de un templo zen. El felino tenía aspecto de distraído, su aspecto revelaba mediocridad y parecía siempre

soñoliento. El samurái pensó: no será éste gato el que me librará del ratón.

Sin embargo, el gato, siempre soñoliento e indiferente, pronto dejó de inspirar precauciones al ratón, que pasaba junto a él, sin apenas hacerle caso. Un día, súbitamente, de un zarpazo, lo atrapó.

A lo largo de este apéndice final se verán algunas cualidades del guerrero samurái y su aplicación en lo que concierne al ejecutivo guerrero, así como una serie de consejos que pueden ser de utilidad a todo aquel que desee integrar esta filosofía en su vida y su trabajo.

Comenzaremos por el credo del samurái, que consiste en una serie de recomendaciones de un conjunto de actitudes frente a la vida, el destino y la muerte. Este credo nació al frecuentar los guerreros samuráis los monasterios, adoptando una disciplina en su comportamiento que luego facilitaría su acción en los campos de batalla. Es parte de la doctrina de Buda, que ha contribuido de una forma importante a la formación del guerrero y el hombre ordinario, lo que le ha permitido mantener su valor, inicialmente en el combate, pero también en la vida normal. Se puede decir que este credo, estos principios, después de siglos y siglos, siguen perdurando en el «guerrero» actual, aunque su imagen sea la de un hombre con corbata y un maletín en su mano diestra.

Credo samurái

No tengo padres; hago del cielo y la tierra mis padres.

No tengo poder divino; hago del honor mi fuerza.

No tengo recursos; hago de la humildad mi apoyo.

No tengo el don de la magia; hago de mi fortaleza de ánimo mi poder mágico.

No tengo vida ni muerte; hago del Eterno mi vida y mi muerte.

No tengo cuerpo; hago del valor mi cuerpo.

No tengo ojos; hago del resplandor del rayo mis ojos.

No tengo orejas; hago del buen sentido mis orejas.

No tengo miembros; hago de la vivacidad mis miembros.

No tengo proyecto; hago de la oportunidad mi designio.
No soy un prodigio; hago del respeto al Dharma (doctrina) mi milagro.
No tengo principios; hago de la adaptabilidad a todas las cosas mis principios.
No tengo amigo; hago del espíritu mi amigo.
No tengo enemigo; hago de la distracción mi enemigo.
No tengo armadura; hago de la benevolencia y la rectitud mi armadura.
No tengo fortaleza; hago de la «sabiduría inmutable del espíritu» mi fortaleza.
No tengo espada; hago del «silencio del espíritu» mi espada.

Ateniéndonos al credo del samurái, veremos algunas de las cualidades y comportamientos de este guerrero y su aplicación al moderno ejecutivo.

• *El cielo y la tierra*
Para el samurái el cielo y la tierra tienen relación con la integración entre su cuerpo y su alma. Esto es un factor importante para el ejecutivo guerrero, ya que aquel que sabe conservar la integración entre su cuerpo y su alma sabe adaptarse a todas las circunstancia cambiantes, y todos sabemos lo importante que es la capacidad de adaptación. Siempre se ha dicho que ante un mundo cambiante con nuevas tecnologías, nuevos estilos publicitarios y nuevas formas de trabajo, sólo hay una posibilidad: transformarse (adaptarse) o morir (fracasar). El sabio se identifica con todos los cambios, se integra en ellos y sintetiza la diversidad.

• *La fuerza de ánimo*
La fuerza de ánimo es lo que da seguridad en uno mismo para realizar toda clase de proyectos y enfrentarse a las adversidades. Con la fuerza de ánimo el samurái sobrevivía a los momentos más difíciles y peligrosos; con la fuerza de ánimo el ejecutivo guerrero vence las crisis y los momentos difíciles.

Además, según Mo-Ti, la fuerza de ánimo comporta orden social, honor y riqueza.

• *La humildad*

La humildad es una gran virtud. Con la humildad el ejecutivo guerrero sabe reconocer sus propios errores y es capaz de escuchar, sin encolerizarle los reproches. La humildad se convierte en un antídoto contra el orgullo. El ejecutivo guerrero puede conseguir mucho más a través de la humildad que a través de la prepotencia, el orgullo y la creencia de que uno es superior a todos los demás. Siempre, cualquier ser humano, por insignificante que parezca, puede enseñarnos algo, puede dar una lección que otro, con más sabiduría y preparación, es incapaz de ver.

• *La caridad, la economía y la humildad*

La caridad nos permite ayudar a quién está necesitado sin exigir nada a cambio; la caridad se puede realizar con generosidad si se sabe ser económico; la humildad es la que nos lleva ser generoso y caritativos. Para Confucio generosidad es bondad, respeto por el prójimo, modestia...

Ser caritativo y humilde también permite ser prudente y no crearse enemigos innecesarios; es aplicar lo que dice el Tao-te-king: «Evito provocar, aguardo el desafío; no me permito avanzar una pulgada, pero no retrocedo un paso». Eso se llama avanzar sin moverse.

• *El valor*

Se ha hablado mucho del valor militar, del valor del soldado que se lanza al ataque y se hace matar. Este no es sin duda el valor del samurái, para quién el verdadero valor es vivir cuando es preciso vivir, y morir sólo cuando es preciso morir. El ejecutivo guerrero debe entender que su acción no es una guerra desatada en la que tenga que dar su vida inútilmente. Sólo cuando la vida se considera preciosa todo lo demás se considera precioso. Lanzarse a un combate a muerte es arrastrar a la empresa al mismo fin. Valor es luchar sin sacrificar ni la vida ni la empresa.

• *La distracción del espíritu*
Como ya hemos visto en capítulos anteriores, nada es tan peligroso para el samurái o el ejecutivo guerrero, como la distracción del espíritu. La distracción induce a cometer errores, la distracción es no estar centrado en lo que se realiza, es un desprecio al deber y una negligencia. Cualquier acción que se haga, por ínfima e insignificante que sea, requiere atención, es decir, no estar distraído. El maestro contemporáneo Thich Nhat Hanh en *Cómo lograr el milagro de vivir despierto,* pone el ejemplo de la atención empleada en la tarea de fregar platos, y describe cómo una acción tan despreciada por los occidentales se convierte en una labor de atención y lucha contra la distracción. Posiblemente los modernos lavavajillas de hoy en día nos libran de esta tarea tediosa, pero seguro que hay muchas otras tareas tediosas, manuales y mecánicas, que pueden servir para adiestrar la distracción. Se trata simplemente de cuando se está sentado, se está sentado; cuando se pasea, se pasea; y, cuando se lava platos, se lava platos.

• *Ver correctamente*
Ver correctamente es para el samurái no apegarse a lo que se ve, no manipular con el pensamiento y las imágenes, sino simplemente ver correctamente la realidad. Para el ejecutivo guerrero, ver correctamente la realidad sin distorsionarla es de vital importancia. Muchas personas son incapaces de ver la realidad tal cual, la realidad se ve transformada por sus pensamientos, por su peculiar forma de ver los hechos. Por ello es importante que la visión de los hechos siempre sea clara, que no se vea afectada por prejuicios y creencias subjetivas. El ejecutivo que ve claramente la realidad que tiene ante sí, sin dispersiones ni valores subjetivos, podrá tomar decisiones más ecuánimes.

• *Tener rectitud*
Se dice que los samuráis aprendieron la rectitud y la moral de su estancia y paso por los monasterios. La rectitud se convirtió en un valor necesario entre todos los guerreros. La rectitud per-

mite al ejecutivo guerrero dar ejemplo y tomar decisiones justas. La rectitud es un ejemplo de virtud. El ejecutivo guerrero debe dar muestras de rectitud ante sus subordinados y tomar decisiones justas. La rectitud es un camino que no puede abandonarse.

• *Saber ser inmutables*
Ser inmutable no significa ser rígido, pesado e inalterable. Ya hemos visto la importancia de la flexibilidad. Los japoneses ponen el ejemplo de los juncos frente a una tormenta de fuerte viento: es su flexibilidad lo que les permite soportar los más terribles vientos, mientras que los troncos rígidos de los árboles se quiebran por su rigidez. La inmutabilidad es él más alto grado de movilidad en torno a un centro móvil. El ejecutivo guerrero centra su punto central en su empresa y se mueve alrededor de este centro con flexibilidad. La inmutabilidad debe surgir frente a todo aquello que es negativo.

• *Los puntos esenciales de Confucio*
Confucio destaca los siguientes puntos esenciales que debe tener presentes el espíritu del hombre superior.

1. *Debe servirse de los ojos con el deseo de ver claramente.*
   Se trata de una visión sin apegos, una visión que no debe estar distorsionada por la mente, la visión que se ha mencionado en el apartado referente a «ver correctamente». Una visión que permite ver con objetividad los hechos para tomar decisiones firmes y justas.
2. *Debe tener expresión dulce.*
   La expresión dulce forma parte de una actitud agradable, de una forma de relacionarse con los demás sin mal carácter, sin sentido agrio o despotismo. Cuando la relación con los demás es dulce las relaciones funcionan fluidamente; si uno es hosco las relaciones son bruscas y toscas.
3. *Debe observar una actitud deferente.*
   Ser deferente con los demás significa cortesía. La actitud deferente comporta una respetuosidad y una condescenden-

cia con las demás personas que son subordinadas, y con todo el mundo en general. Un ejecutivo deferente tiene mayores posibilidades de ganarse el respeto de los demás y, también, su confianza.

4. *Debe cuidar que su lengua sea siempre sincera.*
Ser sincero implica naturalidad, toda una virtud del samurái y del ejecutivo guerrero. La franqueza implica cierta nobleza en la forma de actuar y, ante todo, muestra que la persona es honesta.
5. *En los negocios debe mostrarse atento y cuidadoso conservando al mismo tiempo el respeto.*
Sin duda, ser atento y cuidadoso en los negocios forma parte de la atención y la concentración. Los negocios, que implican tratos comerciales con otras personas, requieren de la atención y el cuidado necesarios para realizarlos correctamente; del mismo modo que las transacciones se realizan con respetuosidad.
6. *Cuando duda de algo piensa en interrogar a los demás.*
Sólo el soberbio y el prepotente no precisan de los consejos de los demás. Preguntar y asesorarse en los demás cuando se tienen dudas no sólo es un acto de humildad, sino de gran sabiduría, ya que las opiniones de otras personas pueden servir para ver con más claridad lo que en ocasiones no se percibe por ofuscación o desconocimiento.
7. *Si siente resentimiento, debe pensar en las dificultades que ese resentimiento puede acarrearle.*
El resentimiento hacia otra persona no sólo puede significar mortificación, amargura y decepción, sino también una pérdida de tiempo importante y una distracción en el presente. Librarse del resentimiento es despejar el espíritu para poder seguir adelante en nuevos proyectos sin tener la mente preocupada en animosidades, resquemores y suspicacias.
8. *Cuando percibe la posibilidad de una ganancia, debe pensar en la equidad.*
Los negocios tiene como finalidad las ganancias comerciales, pero esta actitud también comporta la necesidad de

mostrar en los acuerdos, ecuanimidad y objetividad. Si las ganancias son repartibles la equidad es importante, ya que denota imparcialidad e integridad.

Una filosofía samurái para el ejecutivo guerrero
La filosofía del guerrero samurái radica en sobrepasar el dominio del combate para aplicarlo a una forma de cultura personal que tiene como finalidad el orden perfecto y la armonía. Se trata de una afirmación del espíritu sobre el cuerpo.

El samurái utiliza las armas del adversario para potenciar su fuerza y estrategia. De la misma manera el ejecutivo guerrero utiliza esta estrategia para conseguir su triunfo frente a sus competidores.

Lo primordial, en el enfrentamiento entre empresas, es no oponer nunca la propia fuerza a la fuerza del adversario. Así, siguiendo la estrategia del combate milenario, hay que evitar toda oposición directa y sacar partido de la potencia del ataque para neutralizar al atacante. Como el combate samurái, el arte estará en la flexibilidad, en saber adaptarse y ser lo suficientemente flexible para poder cambiar rápidamente. En ocasiones lo mejor es «dejar pasar» el ataque del atacante. Su campaña agresora no puede durar toda la vida, y durante esa campaña será el atacante quién hará el esfuerzo y se verá sometido al desgaste. Como bien dice el Tao-te-king: «Un huracán no dura toda una mañana, ni una lluvia torrencial todo el día».

Flexibilidad y adaptabilidad son dos armas esenciales del ejecutivo guerrero, ello le permite reposar y luego dirigir sus objetivos donde ya no exista un peligro latente.

Ante el ataque comercial de la competencia la idea de la no-resistencia evoca, a los occidentales, la no-combatividad y la actitud de no luchar respondiendo con fuerza. En realidad no reaccionar no significa sufrir pasivamente. Si no actuar con inteligencia y aprovechar la inercia del enemigo para vencer sin esfuerzo, pero también sin la obsesión de vencer. El deseo de vencer es una actitud que convierte al ejecutivo en prisionero de las fuerzas contra las que lucha. La lucha y el combate por la victoria deben considerarse cosas de la vida comercial, acontecimientos con los que hay que vivir; no son acontecimientos contra los que hay que actuar, ni hechos por los que hay que dejarse llevar dentro en un torbellino diario.

El ejecutivo guerrero, igual que el samurái, debe saber que una oposición excesiva es difícil de sostener: son situaciones que llevan a la inestabilidad. El actuar siempre a la defensiva y con agresividad conduce a una situación de agotamiento, que aleja al ejecutivo guerrero de sus objetivos primordiales que son el desarrollo de sus proyectos comerciales y la expansión de la empresa de una forma prestigiosa y honesta.

¿Quiere decir eso que no hay que defenderse de los ataques de los demás? Indudablemente, no. Pero recordemos que el ataque de la competencia siempre se producirá cuando ésta crea que el atacado está mal preparado, que no puede reaccionar; cuando crea que la puede perjudicar, privar de personal, o arrebatarle clientes. Para evitar el ataque siempre habrá que mostrarse fuerte, pero no basta con mostrarse, sino demostrar que se es fuerte, que los clientes son fieles, que el personal está satisfecho de trabajar en la empresa, que la financiación es firme y que se tienen ideas recurrentes.

A veces es más interesante esquivar y neutralizar que contraatacar. Reforzarse interiormente, desarrollar nuevas ideas, lanzar nuevas campañas y animar al personal con un futuro prometedor parece siempre más eficaz que lanzarse a competir con el enemigo. Así, si la competencia ataca rebajando precios, no hay que lanzarse a una escalada parecida, sino esquivar, y ofrecer nuevos productos más ventajosos, más modernos y más novedosos. Aplicar el ingenio en la lucha comercial.

Se podrá decir que esta táctica no deja de ser una forma de luchar. Es posible, pero no se trata de enfocar la situación como ataque y contraataque, sino de reeducar filosóficamente a los ejecutivos y al personal, mostrando que el objetivo es ser superior en ideas, en estrategias y productos. Con esta filosofía se consigue vencer aun antes de que la agresión haya comenzado materialmente. Ese es el camino que emprende el ejecutivo guerrero y que le conduce a la victoria sin luchar.

Todo ello conlleva un comportamiento de no-violencia, de no-agresión. ¿Es posible, en el mercado actual, vender, negociar, comercializar sin ser ofensivo? Si creemos en la actitud y la filosofía del guerrero samurái, la enseñanza del tao y el zen, es posible.

Lo importante es la ausencia de intención violenta, de deseo de afirmarse oponiéndose a los demás o aplastándolos. La práctica de la no-violencia es una aplicación directa de la actitud de no-violencia, y esta actitud no es una sumisión pasiva, es acción.

El verdadero dominio de las situaciones por parte del ejecutivo guerrero radica en la autonomía de su comportamiento. En saber comportarse dentro de una ética, unas reglas, unas actitudes, sean cuales fueren las circunstancias que le envuelven, tanto en su vida cotidiana como en su trabajo.

El dominio se consigue con la formación correcta, la profesionalidad, la experiencia, la habilidad en saber actuar en el momento preciso, la preparación psicológica. Los samuráis obtuvieron, antiguamente, una preparación psicológica que fue tomada de métodos practicados en monasterios. Esta preparación les permitía obtener una cierta perfección en sus prácticas de combate y en su comportamiento generalizado. Ante todo persistía la necesidad de una actitud mental, esa actitud de la que hemos hablado a lo largo de este libro y que el ejecutivo guerrero debe practicar para poder alcanzar la grandeza interior y el respeto exterior. Fueron las doctrinas de los monjes las que mostraron a los samuráis la vía de acceso al dominio de las emociones, un factor que en el que se ha insistido a lo largo del libro, ya que sin el dominio de las emociones el hombre se convierte en un esclavo de ellas. Como ya se ha dicho, las emociones están ahí, no se trata de prescindir de ellas, tampoco se puede, pero si hay que evitar que las emociones dominen y se impongan; debe ser el individuo quien domine y sepa reconocer sus emociones. La enseñanza que los samuráis aprendieron en los monasterios tenía como meta hacerles recobrar la conciencia de todo su potencial, encaminarlos hacia el control de las emociones y hacia una mejor utilización de sus capacidades sin perturbaciones, distracciones, falta de atención ni dispersiones.

Los beneficios de una actitud correcta son incalculables para el ejercicio de la profesión del ejecutivo guerrero. Si su práctica es correcta se logra la liberación de miedos, apegos, complejos, rencores, prejuicios y falsos valores; lo que permite poder consagrarse a la creación de nuevas ideas, de proyectos y a perfeccionar lo existente. Una perspectiva que permite trabajar con más entusiasmo, mayor posibilidad de investigar y descubrir. Pero, además, permite vivir mejor y tener una calidad de vida no estresante, no competitiva, sino creadora y progresista. Se trata de huir de embrollos, rivalidades entre compañeros o empresas, luchas intestinas y otros aspectos que sólo derivan en una desgaste innecesario de energía. La filosofía del samurái aplicada al ejecutivo guerrero ofrece un nuevo horizonte de educación y libertad.

Sin una filosofía semejante, ¿qué es el ejecutivo corriente?: es un empleado ordinario, atrapado por frágiles lealtades y por circunstancias de la vida. Un ser que vive siempre dentro de un ambiente de inseguridad y miedos a las rivalidades de sus compañeros de trabajo. Esta situación hace del ejecutivo corriente un ser que no puede escapar a la subordinación incondicional a sus jefes, ya que no ha logrado ganarse su confianza, ni tampoco la autonomía de operatividad suficiente. Un ejecutivo corriente ve como transcurren los años con sus acciones limitadas y una dependencia que cada vez se convierte en más rigurosa. Todo ello por la pérdida de una dimensión más humana, más ambiciosa culturalmente, y por la carencia de una búsqueda interior. El ejecutivo corriente puede ser aguerrido, pero carece de la capacidad de desarrollo y socialización del ejecutivo guerrero, así como de su carácter universal y su capacidad de autodominio y comprensión.

El concepto del hara

Una de las lecciones que los samuráis aprendieron en la antigüedad se refería al concepto del «hara». El «hara» representa el centro de la unidad del ser humano o el punto de su coordinación. También es un punto de equilibrio en el cuerpo y, a la vez, la fuente de la que puede irradiar toda la energía vital que posee cada ser viviente cuando ha aprendido a recogerse, a movilizar todo su potencial y a dominarlo haciéndolo nuevamente disponible.

El «hara» es un punto de atención, un vórtice situado dos dedos por encima del ombligo que corresponde a lo que se considera nuestro centro de gravedad. Si dominamos y sabemos utilizar este punto sabremos equilibrarnos. Los samuráis lo utilizaban no sólo físicamente en el combate, sino también como punto de equilibrio emocional.

En ocasiones cuando un problema se presenta de golpe da la impresión que repercute en la boca del estómago o más abajo, precisamente en el «hara». Si el ejecutivo guerrero sabe dominar ese punto, equilibrar allí sus energías, ser consciente de su presencia, también puede equilibrar la armonía de su cuerpo.

El «hara» es conocido por los japoneses desde tiempos inmemorables, pero también los chinos denominan este mismo punto «tan t'ien»; para los sufíes es «kath»; para los yoguis es el «tercer chakra», y para los occidentales viene a ser el CG o centro de gravedad.

Hoy se sabe que trabajar con el «hara» elimina tensiones vegetativas, emocionales y mentales. El «hara» es un alimentador energético, es una entrada de energías telúricas y cósmicas. Es el centro del cuerpo como consciencia para angustias y ansiedades. Si los samuráis o los guerreros chinos trabajaban con este punto del cuerpo humano parece que también es interesante que el ejecutivo guerrero lo conozca para eliminar angustias, tensiones, ansiedades y emociones desequilibradas.

Como simple ejemplo se presenta a continuación un sencillo ejercicio de trabajo con el «hara». Se trata de una concentración mental que se puede realizar en postura de meditación o estirado, si se quiere ayudar la localización del punto «hara», se puede colocar un dedo presionándolo, exactamente dos centímetros por encima del ombligo.

- En una postura adecuada iniciaremos una concentración en la respiración.
- Colocaremos un dedo, presionando sobre el «hara» ligeramente.
- Con ello conseguimos que el aire que inspiramos vaya llegando abajo, inflando la base del plexo solar.
- Centraremos nuestra atención en el punto fijo del «hara».
- Durante la meditación «hara» hacemos bajar la energía mental hacia esos dos dedos encima del ombligo.
- Poco a poco imaginaremos que la cabeza está dos dedos por encima del ombligo, y por tanto estamos respirando por ahí.
- Imaginaremos que la cabeza está en el «hara», por tanto también la nariz, así que respiramos a través del «hara».
- Veremos, poco a poco, como tenemos la sensación de que estamos respirando a través del «hara».
- Cuando inspiramos, a través del «hara», concentramos todos el aire en el abdomen, y sentimos la energía en la pelvis y los chakras ubicados en la parte baja de nuestro cuerpo.

Con este ejercicio se consigue equilibrio y armonía. Es un ejercicio recomendado en momentos de tensión o antes de realizar una reunión importante.

Enfermedad y salud

La salud es uno de los factores imprescindibles para el ejecutivo guerrero y por ello merece una atención especial. Sin embargo, el concepto de salud de un samurái o, mejor dicho, de un oriental, es muy distinto al concepto de salud de un occidental. Actualmente la medicina occidental va reconociendo muchos aspectos importantes de la medicina oriental y cómo determinados factores pueden ser los causantes de enfermedad. En muchos casos son nuestras actitudes y nuestro comportamiento lo que nos lleva a la enfermedad. Veamos a continuación, brevemente, algunas de las causas que pueden desencadenar la enfermedad en el hombre moderno de hoy y también en el ejecutivo.

- El hecho de no prestar atención al cuerpo y no escuchar los mensajes que nos emite en forma de pequeñas molestias.
- Alimentarse inadecuadamente con comidas y bebidas copiosas que produzcan digestiones pesadas. Especialmente aquellas relacionadas con negocios.
- Someter al cuerpo a un gran estrés en el mundo laboral.
- Vivir la vida sin objetivos trascendentales, pensando sólo en el dinero y el poder y los aspectos superficiales.
- Tomar decisiones sólo con el fin de obtener más dinero o poder.
- Sentirse culpable, verse desgraciado e inútil.
- Obsesionarse por la enfermedad, la vejez, la soledad y la muerte.
- Culpar a los demás de todo lo que le sale mal en la empresa.
- No ser honesto consigo mismo.
- Vivir la vida con amargura, depresiones y mal humor continuo.
- Obsesionarse con las cosas malas que pueden suceder.
- Ser cruel, egoísta, rencoroso y envidioso con toda la gente que comparte su trabajo.
- Ver el mundo de los negocios, y en general, desde la parte negativa.
- No relacionarse con los demás y convertirse en huraño.
- Odiarse a sí mismo.
- No confiar en nadie, ni en ningún compañero de trabajo.
- Rodearse de gente desdichada que comparta sus mismas opiniones.

Se ha constatado que estos aspectos pueden tener un efecto nocivo para la salud de una persona, y no sólo psicológicamente, sino fisiológicamente, ya que el concepto de salud debe verse de una forma integral y total. Indudablemente la salud empieza por saberla conservar a través de una postura vital más positiva que pasa por algunos aspectos como los siguientes:

- Vivir el trabajo con un objetivo de realización y de alegría.
- Transmitir su optimismo a los demás.
- Prestar atención a sí mismo, escuchando el cuerpo.
- Sacarse de encima todos los negativismos, los miedos, las envidias, los rencores.
- Ser positivo.
- Desarrollar un comportamiento altruista con quién lo necesite.
- Amarse a uno mismo, cuidarse y alimentarse debidamente.
- Establecer con los demás relaciones sinceras, y buscar a personas que estén en el mismo nivel de comportamiento y tengan la misma filosofía de vida.
- Trabajar para desarrollar más la mente y evolucionar a otros niveles.
- Vivir la vida con alegría.

Bibliografía

Allen Toppel, Edward, *Zen en los mercados,* Madrid, Edaf, 1998.

Blaschke, Jorge, *Vademecum de la meditación,* Barcelona, Ediciones de la Tempestad, 1996.

Blaschke, Jorge, *Tú lo puedes todo,* Tika, Barcelona, Susaeta, 1996.

Blaschke, J. y Palao Pons, P., *Ideas y trucos para potenciar su mente,* Barcelona, Robinbook, 1998.

Cleary, Thomas, *Observando la mente,* Málaga, Sirio, 1996.

Deshimaru, Taisen, *Za-zen. La practica del zen,* Gerona, Cedel, 1976.

Goleman, Daniel, *Los caminos de la meditación,* Barcelona, Kairós, 1986.

Hanzhang, Tao (general), *Art of War of Sun Tzu,* Nueva York (EE. UU.), Sterling Publishing Co. Inc., 2000.

Herrigel, Eugen, *Zen en el arte del tiro con arco,* Buenos Aires (Argentina), Kier, 1968.

Lander, Max, *La enseñanza de Buda,* Buenos Aires (Argentina) La Mandrágora, 1959.

Lao Tse, *Tao Tê King,* Madrid, Morata, 1975.

Lavelle, Pierre, *El pensamiento japonés,* Madrid, Acento, 1998.

Ornstein, Robert, *La evolución de la conciencia,* Barcelona, Emecé, 1994.

Protin, André, *Aikido,* Barcelona, Ibis, 1993.

Puell, Fernando, *Sun-zi, El arte de la guerra,* Madrid, Biblioteca Nueva, 2000.

Sadler, A. L. (versión de Sadler), *El código del samurái,* Madrid, Edaf, 1999.

Sun Bin (versión de Thomas Cleary), *El arte de la guerra II,* Madrid, Edaf, 1996.

Sun Tzu (versión de Thomas Cleary), *El arte de la guerra,* Madrid, Edaf, 1993.

Suzuki, Daisetz, *El zen y la cultura japonesa,* Barcelona, Paidós, 1996.

Waldeberg, Michel, *Los bosques del Zen,* Madrid, Espasa Calpe, 1978.

Wilber, Ken, *Breve historia de todas las cosas,* Barcelona, Kairós, 1996.

Willis J. y Toms M., *El zen del trabajo,* Barcelona, Oniro, 2000.

Yamamoto, Jocho, *Hagakure. El libro secreto de los samuráis,* Madrid, Edaf, 2000.

Yamamoto, Yosho (Jocho), *Hagakure,* Barcelona, Obelisco, 1989.

Woods, Robert, *Conozca sus biorritmos,* Barcelona, Robinbook, 1999.

Índice

El arte de la guerra. Las técnicas samuráis en los negocios, de Robert Scott, fue impreso en febrero de 2007, en Q Graphics, Oriente 249-C, núm. 126, C.P. 08500, México, D.F.